은빛 꼴찌의 행복

김현순

agada2314@hanmail.net

- 서울 출생(1937), 서울사대부속고등학교 졸업(1958)
- 『수필춘추』(수필, 2008), 『한국문인』(시, 2018) 등단
- 수필춘추문학대상, 한국예총과천지회예술문화상,
  율목문학상, 계간문예상상탐구작가상, 일신수필문학상 수상
- 『당신은 꿈만큼 성공할 수 있다』(1997), 『나목의 길』(2014),
  『내 걸음은 연둣빛』(문학나눔 우수도서, 2020) 출간

표제작 감상

은빛 꼴찌의 행복

김현순 · 수필집

말그릇

작가의 말

뉘를 고르듯 원고지 앞에 오래 웅크린 날들이었습니다.
담담히 삼키며, 때로는 조용히 울면서 써 내려간 문장들입니다.

글을 쓰는 동안, 떠난 이들이 곁에 와 앉는 듯했습니다.
그리움은 슬픔이 아니라 다시 살아나게 하는 힘이었습니다.

그날, 베란다의 작은 화분에서 나팔꽃 한 송이가 피었습니다.
꽃은 나를 위로하듯 다시 글을 쓰게 했습니다.

그 온기가 이 글을 읽는 분들의 마음에도 한 송이 나팔꽃으로 피어났으면 좋겠습니다.

나는 여든아홉, 아직 써야 할 이야기가 남아 있습니다.
글밭인 사랑하는 나의 가족과 모든 인연에게 이 책을 바칩니다.

2025년 늦가을
김현순

차례

1부

'뱅골'의 동화 ___14

두레반의 추억 ___20

그리운 아버지 ___24

엄마의 조각보 ___28

문패 ___33

도마 씨, 같이 가요 ___40

잘 가요, 또 와요 ___46

아주 긴 오해 ___50

2부

도시락 편지 ___58

딸들의 초대 ___63

알 없는 안경 ___68

생일 순례 ___73

울타리 속의 축제 ___79

종가 며느리의 변신 ___84

증손녀가 태어났어요 ___89

남편의 새집 ___93

3부

우리들의 천국, 미로 골목 ___102

동생과 나막신 ___107

날 부르는 소리에 돌아보면 ___116

노랑나비 ___121

하얀 빈자리 ___124

긴 하루 ___127

고립 속에서 맺은 열매 ___131

나팔꽃이 피었습니다 ___135

4부

기적 소리 ___142

나의 친구, 나의 스승 이현복 교수님 ___147

인연 ___151

노래 속의 삶 ___155

내 안의 정원 ___161

혼자 떠나는 여행 ___165

왜목마을 노천카페 ___169

나는 우산이 없어요 ___173

5부

대학 유감遺憾 ___180

나는 죄인입니다 ___185

시간 속으로 사라지는 것들 ___188

매듭 풀기 ___193

열림 버튼 ___197

초롱이 ___201

곱게 물든 단풍잎 한 잎이었으면 ___204

은빛 꼴찌의 행복 ___209

해설

사랑으로 빚어낸 돌봄의 기록/ 박금아 ___215
- 김현순의 『은빛 꼴찌의 행복』을 읽고

1부

'뱅골'의 동화
두레반의 추억
그리운 아버지
엄마의 조각보
문패
도마 씨, 같이 가요
잘 가요, 또 와요
아주 긴 오해

작품 낭독

'뱅골'의 동화

"어서 오너라. 내 새끼들!"

버선발로 달려 나온 외할머니는 우리를 한 사람씩 안아 주셨다. 따뜻한 안방엔 큰 쟁반에 주홍 연시가 가득 담겨 있었다. 우린 할머니께 큰절을 올린 다음 맛있게 연시를 먹었다.

친할머니가 안 계신 우리는 외할머니를 좋아해서 무척이나 따랐다. 엄마가 외할머니를 똑 닮아서 더 그랬던 것 같다. 엄마는 육 남매의 막내로 자라셨다. 할머니처럼 체구가 작았던 엄마는 참 섬세하고 다정한 분이었다. 할머니에게서 물려받은 바느질 솜씨도 대단해서 사람마다 칭송이 자자했다. 할머니의 자식 중에 엄마만 유일하게 서울로 시집을 갔기 때문에 우리는 그곳에서 '서울 애들'로 불리었다.

뱀이 많은 곳이라 하여 '뱀골'이었는데 발음이 변하여 '뱅골'이라고 했다. 이천 서씨 집성촌으로 온 동네 사람이 친척이었다. 한 번 외가에 가면 우리는 한 계절에 스무 날쯤 머물렀는데 이 집 저 집에서 초대해주는 바람에 집으로 올 때까지 외가에서는 몇 끼 먹지도 않았다. 그래도 외할머니댁은 본부本部 같은 곳이어서 잠은 항상 외가에 가서 잤다.

'뱅골'의 겨울날을 떠올리면 동화 속 풍경이 나타난다. 낮이면 수많은 놀이로 시간 가는 줄 몰랐다. 연날리기와 딱지치기, 자치기, 구슬치기, 제기차기…. 썰매타기는 얼마나 재밌었던지. 나와 동생은 추우면서도 호호 손을 불며 오빠들을 졸졸 쫓아다녔다. 이른 저녁을 먹고 출출해지면 할머니는 어느새 인절미를 내오셨다. 시원한 동치미를 곁들여 먹는 맛은 일품이었다. 밤이 깊어지면 달은 더욱 밝았다. 푸른색으로 반사되던 맑고 차가운 풍경은 신비로웠다. 달빛 아래에서 빛나던 눈 내린 산과 마당에서 우리를 바라보며 서 있던 눈사람…. 하얀 눈은 크리스털과 같은 황홀한 빛을 오래도록 보여주었다.

농촌의 여름은 쉴 사이 없이 바빴다. 우리도 나름대로 분주하게 지냈다. 매미채를 들고 곤충채집, 식물채집을 하면서 온 들을 누비면 새들은 지저귀고 냇물은 졸졸거렸다. 조약돌에서는 악기처럼 맑고 영롱한 음악이 쏟아졌다. 산딸기와 싱아를 발견해서 따 먹으면 새콤달콤한 맛에 저절로 눈이 감기곤 했다. 그 들길을 나는 종일 노래를 부르며 쫓아다녔다. 내가 노래를 좋아하게 된 것도 그때부터였는지 모른다.

아침이면 일찍 일어나 작은 소쿠리를 들고 사촌 언니와 함께 개울로 민물 새우를 잡으러 갔다. 논에서 우렁이를 잡아 할머니께 가져다드리면 기뻐하셨다. 새우와 우렁이, 호박과 풋고추, 감자를 넣어 끓여주시던 된장찌개 맛은 잊을 수 없다.

그날 아침에도 나는 우리 형제들과 사촌 오빠들과 함께

우렁이를 잡으러 논으로 갔다. 한참 신나게 잡고 있는데 옆에 까만 게 눈에 띄었다. 자세히 보니, 실뱀이 고개를 추켜들고 나를 노려보고 있는 게 아닌가. 놀라 비명을 지르며 이제껏 잡았던 우렁이 소쿠리를 팽개치고 논두렁으로 도망쳤다. 진정할 겨를도 없이 다리를 보니 이번엔 시커먼 거머리가 붙어서 피를 빨고 있었다. 나는 그 자리에서 졸도했다. 정신을 차리고 보니 사촌들이 달려와 떼어냈다고 했다. 그 후, 다시는 논에 들어가지 않았다.

외가에는 널따란 밭이 양쪽으로 펼쳐져 있었다. 그 사이에 원두막이 있었다. 그곳은 우리에게 놀이터이자 쉼터가 되었다. 원두막으로 달려가면 나무 사다리가 있었다. 한 칸씩 밟고 올라서면 넓은 평상에 멍석이 깔려 있었다. 원두막에 앉으면 푸르게 펼쳐진 수박밭과 참외밭이 한눈에 들어왔다. 바람이 지나가는 원두막에서 금방 딴 참외와 수박을 먹고 나면 금세 잠이 쏟아졌다. 어느 날은 꿈속에서 하늘을 훨훨 날았다. 잠에서 깨어 꿈 얘기를 하니 외할머니는 내 머리를 쓰다듬으며 말씀하셨다.

키가 크느라 그런 꿈을 꾸는 거라고.

방학 때마다 갔으니 우리 형제들은 일 년에 사십 일 정도를 뱅골 마을에서 지냈던 것 같다. 지금 생각해 보면, 외갓집에 염치없고 미안한 짓이었다. 우르르 달려간 우리 형제들로 얼마나 힘들었을까. 그래도 귀찮은 기색 없이 우리를 편안하게 해주셨다.

외할머니의 사랑은 무한한 것이었다. 할머님이 돌아가시자 외가도 차츰 쓸쓸해졌다. 우리도 성장하여 외가에 가는 횟수가 줄어들었다. 한국전쟁 이후, 친척들은 새로운 삶의 둥지를 찾아 큰 도시로, 외국으로 흩어지는 바람에 집성촌도 초라해졌다.

코로나가 기승을 접어 가던 어느 날, 아들과 함께 기억을 더듬어 그곳을 찾았다. 아는 이라곤 없고, 집들은 현대식 단층이나 이층집으로 바뀌어 있었다. 마당에는 승용차, 트럭이 서 있고 큰 목장도 생겼다. 길도 죽죽 뻗어 도시나 다름없었다.

그 옛날의 '뱅골'은 없었다. 여주에 사는 조카딸에게 전화하니 조카도 그곳이 그리워 가끔 찾아가면 너무 낯설어 울며 돌아온단다. 그래도 추억을 공유하는 사람이 있어 얼마나 다행인지….

  서울 애들에게 '뱅골'은 마음의 고향이었다. '뱅골' 마을로부터 받았던 순박한 행복 엔도르핀으로 성장기를 잘 지냈고, 긴 생을 온기 가득한 인성을 키우며 살아 온 그곳은 우리 인생의 텃밭이었다.
  팔십여 년이 지났지만 나는 아직도 소복소복 엎드린 초가지붕 아래에서 선한 사람들이 살았던 그곳 '뱅골'의 동화를 잊을 수 없다.

(2023. 06.)

두레반의 추억

 봄비가 내리던 날, 후배가 점심에 초대했다.

 일행과 함께 아파트에 들어서는데 입구 재활용 막사에서 소반小盤 하나가 비를 맞고 있었다. 퍼뜩 어떤 추억이 스쳤다. 얼른 뛰어가 소반을 막사 안으로 넣어 비를 피하게 해주었다. 일행 모두 의아해했지만 싱긋 웃으며 초대한 집으로 들어갔다. 점심을 먹는 동안에도 식사를 마친 후에도 아파트에 들어올 때 본 그 반상 생각이 머리에서 떠나질 않았다. 기억 속으로 아담한 한옥 한 채가 떠올랐다.

 마루 분합문은 열린 채로 있고, 식구들은 어디로 갔는

지 집 안은 고요하다. 우물 정井 자 무늬로 짜인 반들반들 광채가 나는 마루에는 쌀 두 가마니가 들어가는 커다란 뒤주가 서 있고, 그 위에 도자기 몇 점이 놓여 있다. 왼쪽 사방탁자에는 집안 대대로 내려오는 작은 유물 몇 점과 고서古書가 있다. 안방 들어가는 미닫이문 위에는 온 식구가 찍은 할아버지의 환갑 잔치 사진이 걸려 있다. 동생과 나는 사진 속에 없다.

그리 넓지 않은 마당 울타리 안쪽에는 사철나무와 동백, 작약, 개나리가 자라고, 담장에는 찔레 넝쿨이 올라가고 있다. 작은 화단에는 봉숭아와 과꽃, 채송화, 한련화, 맨드라미가 여름을 뽐내고, 마당을 건너가면 마루가 나오고 뒤주 옆에는 큰 두레반 하나가 다리를 접은 채 세워져 서 있다.

큰 두레반에서 밥을 먹는 풍경이 눈앞에 보이는 듯했다. 그 두레상은 온 가족이 모여 밥을 먹는 식탁이자, 우리 형제자매들이 공부하는 책상이고, 간식을 먹으며 의견을 나누던 회의장이었다. 원목으로 만들어 결이 좋고 짜임새도 섬세해서 모두가 좋아했다. 크기가 커서, 우리 일곱 식구가 앉고 손님 서너 분이 더 오셔도 다 둘러앉을 수 있었다. 아버지께서 이름 있는 목공소에다 주문하여 제작한 것이었는데, 엄마는 뜨개질로 두레상 다리 싸개를 짜서 씌웠다.

부모님은 하루 한 끼라도 식구들이 다 같이 식사하기를 원하셔서 아침이면 큰 두레상에 모두가 둘러앉아 밥을 먹었다. 아버지는 왕성한 식욕으로 우리 모두를 부추겨 자유롭게 이야기를 하게 했으니 식사 시간은 즐거웠다. 그 습관이 우리를 '아침형 사람'으로 키웠는지도 모른다. 공휴일도 주일도 늦잠 자는 형제는 없었다.

이젠 엄마도 아빠도, 오 남매이던 형제자매도 모두 하늘나라로 떠나고 나만 남았다. 어디로 가야 만날까. 우리 온 식구들은 지금도 그 두레반에 모여서 옛날같이 지내고 있을까.

이런저런 생각에 점심도 먹는 둥 마는 둥 했다. 아무래도 그냥 있을 수 없었다. 숟가락을 내려놓고서 소반이 있는 곳에 뛰어가 보니 내가 둔 장소에 그대로 있었다. 살펴보니 상태가 좋았다. 소반을 내 집으로 가져가고 싶었다. 얼른 집어 들고서 쏜살같이 후배네 집으로 갔다. 일행들은 놀란 눈치였다. 나는 주인에게 양해를 구하고 욕실로 들고 들어가 상을 깨끗이 닦았다. 그리고 드라이어로 말려서 보자기에 싸서 들고 집으로 가져왔다.

아무도 모를 거다. 이 작은 반상을 들고 온 내 마음을. 가지고 있던 것도 내다 버리며 정리하는 내가, 왜 이 나이에 버려진 소반을 안고 왔는지.

소반을 마주하고 있으면 떠나간 옛 식구를 데려온 듯 마음이 따뜻해진다. 쓸쓸해지는 날이면 반상을 펴놓고 차를 마시며 떠들썩했던 우리 식구들을 만난다. 엄마 아빠, 언니, 두 오빠, 그리고 동생을….

(2024. 06.)

그리운 아버지

시어머니는 그해 김장을 서두르셨다. 암 진단을 받고 투병 중이신 나의 친정아버지에 대한 배려 때문이었다. 그날 나는 남산만 한 배를 안고서 마당 한편에서 큰시누이와 김장거리를 다듬고 있었다. 아버지가 위독하다는 전화에 어머니는 큰 독에 배추를 절이다 말고 어서 가서 임종에 참여하라고 등을 떠미셨다.

아버지의 마지막을 못 뵐지도 모른다는 생각에 눈물이 쏟아졌다. 불광동으로 가는 택시 안에서 소리도 내지 못하고 우는 나를 보면서, 기사님은 크게 울라고 허락했다.

아버지가 위암 판정을 받은 지 2년이 지난 때였다. 처음 발병 소식을 들었을 때 식구들은 수술을 권했지만 그냥 견디다가 가겠다는 아버지의 강한 의지를 꺾을 수가 없었다. 당시는 위암 수술 성공률이 낮은 편이어서 우리도 아버지를 설득하지 못했다. 그런데 그날이 닥치고 보니 수술을 받게 해드리지 못한 것이 후회되었다.

큰 키에 성격이 온화했던 아버지는 그 인상처럼 참 민주적인 분이었다. 작은 기업체를 운영하시면서도 힘든 일을 집으로 가져온 적이 없었다. 아주 부자는 아니었지만 우리들이 부족함을 느끼지 않고 자라게 해주었다. 오 남매를 키우는 동안 항상 칭찬이 먼저였고, 잘못했을 때는 연유를 물어 들어주고 아들딸을 구별하지 않고 키워 주셨다. 덕분에 우리는 바른 생각을 하며 큰 말썽 없이 잘 자란 편이었다. 아버지는 엄마와 우리 다섯 남매의 우상이었다.

어린 우리에게는 모두 별명이 있었다. '땅딸이 큰아들', '수다쟁이 큰딸', '튼튼이 작은아들', '똘똘이 작은딸', '깽깽이 막내딸'인데 다 아버지가 지어 준 이름이었다. 집안에 일이 생기거나 새로운 계획이 있으면 아버지는 이름

대신 별명을 부르며 우리를 큰 두레반에 불러 앉히고 회의를 주최하였다. 아무리 어려도 우리를 집안의 모든 결정에 다 참석하게 하여 작은 의견이라도 내놓게 하고, 들어주셨다.

나는 결혼 문제로 아버지께 고통을 드린 딸이었다. 사윗감이 한국전쟁 중에 아버님을 떠나보내고 편모슬하에서 자라났다는 점이 마음에 걸렸던 데다 일 년에 봉제사만도 10위(位)가 되는 종가의 맏이였으니 걱정이 깊으셨던 터다. 종교도 달라 가톨릭 집안에서 자란 딸의 고생이 훤하게 보인다고 생각했던지 반대하셨다. 하지만 결혼을 승낙한 후로는 늘 우리 부부를 격려해주었다. "힘내라. 너희는 젊다. 둘이서 힘을 합하여 노력하면 무언들 못 하겠냐. 나는 너희를 믿는다."라고 하시며 포옹해주곤 했다.

아버지의 말씀을 가슴에 안고 우린 열심히 살았다. 나는 아케이드에서 양품점을, 남편은 직장에서 열심히 일했다. 통장이 늘어날 때마다 아버지를 기쁘게 해드릴 수 있어서 더 기뻤다.

온 식구가 둘러서서 입관 예절을 지켜보았다. 성당 연령회 봉사자들이 집으로 와서 예식을 진행했다. 수의로 바꿔 입히는 중에 보니 너무 말라 뼈만 앙상해진 모습이었다. 가족을 힘들게 하지 않으려고 혼자서 고통을 감내하신 아버지 앞에서 우리는 목메어 울었다.

사는 것이 바쁘다는 핑계로 투병하시는 동안 자주 뵙지도 못했다. 나는 그 좋아하시는 노래도 곁에서 불러드리지 못한 불효녀였다. 2년 동안 얼마나 외로우셨을까. 얼마나 아팠을까. 살아 계실 때는 내 아이가 하나였고, 출산이 임박한 둘째가 있었다. 그 후 아들 둘을 낳아 네 명의 손주를 안겨 드렸으니, 사랑 많으신 아버지는 나를 장하다며 용서하셨으리.

돌아가신 지 57년이 지났지만 아직도 군중 속에서 아버지를 만나곤 한다. 중절모를 쓴 인자한 노인을 보면 "어?" 소리가 새어 나오며 아버지의 모습이 스쳐간다.

(2024. 06.)

엄마의 조각보

 손녀가 유치원에서 헐레벌떡 뛰어나왔다. 차에 타자마자 긴장한 얼굴이 되며 내게 물었다.
 "할머니, 할머니도 엄마가 있어?"
 "그럼, 있지."
 "어디 있어?"
 "벌써 돌아갔지."
 "할머니를 낳았어? 지금 우리 할머니 이대로?"
 "아니, 아기로 나왔지."
 "어?"

 나에게도 엄마가 계셨다. 자그마한 체격에 여리디여린

성품, 여섯 남매의 막내로 태어나 심성 고운 분이었다. 바느질 솜씨가 뛰어나 젊어서는 포목점을 하셨는데 명절이면 비단 때때옷을 손수 지어 입혀주어 우린 행복했다.

그날은 엄마가 계신 작은오빠 집 근처에 회사 업무가 있어서 갔다. 일을 마치고 돌아오는 길에 잠깐 뵙고 오려고 발길을 돌렸다. 엄마가 좋아하는 카스텔라를 사서 들고 갔다. 대문을 들어서니 정원 파라솔 아래에서 어린 두 조카와 올케가 점심을 먹고 있었다. 나는 점심 후라 엄마를 뵈러 가겠다고 하니, 지금 잠이 드셨다고 했다.

조용히 방문을 열었다. 바로 앞에 가도 엄마는 곤히 주무셨다. 11년째 중풍으로 고생 중이었다. 정상적인 외출은 나의 결혼식에 가는 것으로 끝이었다. 두 아들이 번갈아 가며 엄마를 모셨다. 혹시 깨면 올케의 점심시간을 방해할까 봐, 짧게 기도하고 살며시 방문을 닫고 나왔다. 엄마의 고통이 내 몸으로 전해지는 듯하여 울컥했다.

다음 일정이 있어서 차라도 마시고 가라는 올케의 친절

도 마다하고 부지런히 약속 장소로 갔다. 엄마가 편찮으면 딸의 입장은 엄마를 돌보는 올케들에게 늘 죄인 같은 심정이다. 고마운 마음뿐이었다. 나는 좀 전에 마음이 짠한 그 기분을 까맣게 잊고 일에만 열중했다. 그때는 사는 데만 급급한 매정한 딸이었다.

닷새 후, 엄마는 화창한 5월의 봄을 안고 아주 먼 길을 떠나셨다. 임종도 지켜드리지 못한 나는 아픈 가슴을 안고 얼마나 오열했던지…. 그날, 조금만 더 기다렸다가 엄마의 손을 잡고 얼굴을 보며 한마디라도 나누었더라면 몇십 년이 지나간 지금까지 이렇게 가슴이 시리지는 않을 거다.

알뜰한 엄마는 아버지가 내놓는 생활비를 받으면, 규모 있게 쓰고 남는 돈은 아주 깊은 곳에 차곡차곡 보관하여 항상 내적인 여유가 있었다. 나중에 비밀 곳간 중 한 곳을 알았는데, 미닫이로 된 다락문을 이중으로 하여 그 공간에 현금을 모아 전쟁통에도 무난히 배겨냈다.

엄마는 우리들의 참고서였다. 개그 기질이 있어 남의 흉내를 잘 내어 식구들과 주변을 늘 즐겁게 했다. 성대모사와 흉내내기는 일품이었다. 혹시라도 우리 형제간에 다툼이 있으면 재치와 슬기로 서로를 화해시키곤 했다. 우린 부모님 싸우는 모습을 거의 본 적이 없이 자랐다.

  엄마가 떠난 후, 꽤 오랫동안 고해성사를 보는 마음으로 일기식 편지를 썼다. 하지만 회사와 집안일에 쫓기게 되면서부터는 힘들어 흐지부지되었다. 몇 년이 지난 후, 나의 30여 년 회사 활동기를 쓰기 시작했다. 꽤 많은 분량이 되었을 때, 삼성생명 지점장으로서는 최초로 책을 냈다. 『당신은 꿈만큼 성공할 수 있다』라는 여성 성공학 책이었다. 의외로 큰 성과를 내어 4,000부씩 4쇄, 1만 6,000부를 찍어 엄마의 영전에 바쳤다. 그 모든 것이 하늘에 계신 엄마의 힘이라 믿었다. 기뻐하시는 모습이 떠오르며 나의 불효를 용서해주시기를 빌었다.

요즈음엔 저녁때나 잠들기 전이면 자주 엄마 생각이 난다. 그럴 때면 조각보를 꺼내어 가슴에 안아본다. 결혼할 때 엄마가 혼수로 만들어준 것인데 한복을 넣어둔 장롱 속 두 칸 서랍을 덮는 큰 보자기로 쓰고 있다. 한복을 만들고 남은 천 조각을 사각형, 삼각형 모양으로 잘라 색깔을 맞추어 한 땀 한 땀 손으로 이어 만든 그 조각보를 엄마는 딸 셋에게 혼수로 주었다. 색감을 정교하게 배치한 솜씨는 어디에다 내놓아도 손색이 없다.

엄마는 조각보를 만드는 마음으로 세상을 구상하시며 살았던 것 같다. 자식을 키우면서도 알록달록 여러 색깔의 사랑을 부어주셨지 싶다. 나는 어떤 색깔이었을까. 초록이었을까? 초록은 생명력이 강한 색인데 다섯 남매 중에 가장 오래 살고 있으니.

우리에게는 온 우주였던 울 엄마, 너무도 보고 싶다. 팔십을 넘긴 이 나이에도 '울 엄마'라는 단어는 나를 어린 딸로 만든다.

(2024. 01.)

문패

어느 봄날, 과천 '사그막' 길을 걷다가 유난히 큰 문패를 단 집을 보았다. 그 순간 아픈 기억이 훅! 하고 밀려왔다.

남편의 잠시 흐린 판단으로 시아버님이 손수 지으신 집이 날아가고, 70세 노모와 어린 아들딸, 일곱 식구의 안식처가 순식간에 없어졌다. 석 달 후면 집을 비워줘야 했다. 어느 곳으로 가야 할지 막막했다. 가입한 4건의 보험이 생각나 설계사를 만나 해약하겠다고 했다.

그는 나를 설득했다. 회사에 입사하여 무자본으로 사업을 할 수 있으니 우선 시작하고 차차 의논하자고 했다.

선수당 제도가 있는데 저축성 보험으로 계약을 체결하면 바로 수당이 나와서 돈을 사용할 수 있다고도 했다. 급한 마음에 시어머님께만 알리고 남편과 아이들에게는 비밀로 했다. 일사천리로 입사 시험을 치르고, 합격하여 여러 개의 과정별 교육을 받았다.

당시 나는 아케이드에서 양품점을 운영하고 있었는데 점포도 넘어간 상태였다. 단골손님으로 부유한 사모님이 많았다. 고객들을 찾아가 사정을 이야기하고 적금성 상품만 권유하여 도와달라고 부탁했다. 크고 작은 차이는 있어도 거절한 고객은 거의 없었다. 매일 통장으로 수당을 입금하여 3개월 가까이 지나니 작은 집 전세 정도는 얻을 돈이 되었다. 그때야 남편에게 통장을 보여주면서, 우선 집 문제부터 해결하자고 했다. 남편은 놀라 흐느끼며 깊게 사과했다. 그리고 협력자가 되어 지인들을 소개해주어서 나는 실적을 더 올릴 수 있었다.

이사 갈 집을 구하려다 보니 식구가 많다고 쉽게 집을 빌려주는 사람을 만나기가 어려웠다. 며칠이 걸려서 수

유리에 있는 국민주택을 얻을 수 있었다. 방 세 칸에 110만 원으로 1년을 계약했다.

이사하기 전날 밤, 가족회의를 했다. 우리 가족이 이 어려운 상황을 어떻게 극복할 수 있을지 의견을 나누었다. 내가 더 열심히 뛰려면 집안 살림을 해주시는 어머니를 도와야 했다. 막내만 빼고 가사 분담을 했다. 큰딸은 화장실 청소, 둘째 딸은 현관 청소, 큰아들은 방마다 있는 휴지통 비우기를 맡았다.

이제 집의 문패를 떼는 일만 남았다. 가족이 잠자리에 들었을 때 혼자 마당으로 나갔다. 대문을 열고 나가 남편의 이름으로 된 문패를 떼어냈다. 언제 또 우리 집 대문에 달 수 있을까…. 떼어낸 문패를 부여잡고 쓰다듬는데 손길이 떨리면서 오열이 터져 나왔다. 희망도 끝도 보이지 않는, 첩첩산중의 초입에 서 있는 것 같은 막막함이 나를 엄습했다. 순식간에 바뀌어 버린 생의 판도, 운명의 부당함이 억울했지만 그래도 이런 해결을 주심에 눈물과 함께 감사의 기도를 드렸다.

떼어낸 문패를 소중히 보자기에 싸서 깊이 간직했다. 그 당시 문패는 특히 남자에게는 자존감의 척도였지 싶다. 나무나 곱돌, 대리석 등으로 만들었는데 무엇으로 만들어졌는지에 따라 어느 정도 부자인지를 은연중 암시했다. 남편의 문패는 흔한 나무로 만들어진 것이었지만 마음이 아팠다.

이삿날 새벽, 정든 집을 남에게 내어주면서 우리 부부는 생의 목표를 다시 세웠다.

첫째, 내 집 마련.

둘째, 빚은 꼭 갚자.

셋째, 아이들은 최선을 다해 키운다.

목표를 꼭 이루어 내자며 굳게굳게 약속했다.

일 년 뒤, 전세 기간이 끝나기 전에 작은 집이라도 사야겠다는 결심이 생겼다. 목표를 실행하기 위해 우리 부부는 열심히 뛰었다. 드디어 일 년 삼 개월 만에 삼각산 아래에 대지 57평, 방 넷 딸린 집을 580만 원에 샀다. 회사에서 20년 상환으로 300만 원의 주택담보대출을 해주었기에 가능했다. 그러고도 모자라 방 두 개를 70만 원에 전세를 놨다. 우리가 쓸 방은 두 개뿐이었지만 내 집이니까 행복했다. 남편의 문패를 다시 달던 날, 지켜보시던 어머님이 수고했다며 나를 껴안고 우셨다.

집 문제를 해결한 후, 내가 다시 일어서기를 기다리던 분들에게 소식을 보냈다. 모두 격려해주었다. 모두 천사들이었다. 뜨거운 감동이 왔다. 은혜를 보답하는 길은 그분들께 신용을 지키는 것뿐이라는 신념을 가지고 더욱 열심히 일했다.

사건이 터진 후, 일일이 채권자를 찾아다니며 어떻게 빚을 갚을지 방법을 의논했다. 어떤 이에게는 적금으로, 어떤 이에게는 계를 넣어주는 조건으로 갚기로 했다. 어떤 이는 매달 현금으로 해 달라기에 형편대로 타협했다. 어느 고마운 분은 당시에 15살인 아들이 결혼할 때 원금만 달라고 해서 나를 놀라게 했다. 그분께는 열심히 노력해서 10년 적금으로 갚아드렸다. 감사했다. 그러나 다 그런 분들만 있는 것은 아니어서 고통도 겪었다. 무섭고 낯선 사람을 동원해서 집으로 들어와 안방만 남기고 차고앉아 으름장을 놓기도 했다. 가족들은 숨도 쉴 수가 없었다. 가지고 있던 어음으로 해결을 보았지만 그때 놀란 막내는 숨이 막히는 호흡 장애로 한동안 우리 부부의 애를 태웠다.

빚을 갚느라 밤낮없이 뛰었다. 십이 년 걸려 빚을 다 갚고 나니 내 나이 오십이 넘어 있었다. 긴 세월을 살아오는 동안, 나를 믿고 기다려주신 분들의 고마움을 잊은 적이 없다. 벌써 세상을 떠난 분도 있다. 그분들의 따뜻한 배려와 도움의 손길이 없었으면 희망이 없는 깜깜한 생을 살았을지도 모른다. 나를 기다리고 격려해주었던 분들, 지금도 그분들의 경조사는 빠지지 않고 챙겨서 다니고 있다.

젊은 날, 뜬구름을 잡겠다는 우매한 실수가 얼마나 무서운 결과를 낳았던지…. 채무자의 굴레를 완전히 탈피

하던 날, 소리 내어 가슴이 후련하도록 울었다. 지금도 혹시 내가 이웃이나 누구에게 심적인 채무자는 아닌지 깊이 성찰해 보라는 울림이 오는 듯하여 고개를 숙여 나를 깊이 돌아보며 산다.

(2024. 12.)

도마 씨, 같이 가요

 외출할 때면 늘 알반지를 낀다. 다른 것도 몇 개 있지만 남편이 두 번째로 사준 작은 알반지를 보석함에서 꺼내 약지에 낀다.

 첫 번째 받은 알반지는 약혼반지로 받았는데 눈에 잘 보이지도 않을 만큼 작은 반지였다. 그래도 70여 년 전, 가난한 청년이 마련하기에는 큰 선물이었다. 그러나 그 반지를 오래 끼고 다니지는 않았다. 아직 젊어서 반지를 끼는 게 부끄럽고 어색하기도 했지만 소중히 간직하느라 그랬다. 그 당시에도 부자들은 훨씬 더 크고 값비싼 것을 가졌겠지만 내게 그 반지는 약혼의 증표였기에 무엇보다 소중했다. 한가한 틈이 나면 조심스레 꺼내어 손가락에 끼워 보았다가 다시 깊숙이 간직하기를 십여 년이나 반복했다. 그러나 뜻하지 않은 일이 닥치면서 집 안에 있던 은수저며 아이들의 돌 반지, 결혼할 때 받은 패물까지 몽땅 팔아 빚을 갚는 데 보태야 했고, 결국 나의 알반지도 함께 사라지고 말았다.

그 후 반지나 다른 패물은 살 생각도 못 했고, 자식을 교육하고 사는 데만 급급했다. 어느덧 아이들의 공부도 끝나가고 빚도 다 갚고 나니, 저축을 할 수 있었다. 조금 여유가 생기자, 쓰나미 같은 폭풍이 들이닥쳤을 때 어머님께서 금비녀와 닷 돈짜리 금 쌍가락지를 내주신 일이 떠올랐다. 돈이 모였을 때 어머님께 비녀를 해드렸다. 나무로 된 비녀를 뽑으시면서 기뻐하시던 모습이 지금도 눈에 선하다. 나중에 회사에서 부상으로 황금열쇠를 받았을 때는 그것으로 가락지를 만들어 드렸는데 어머니는 무척이나 감격해하셨다.

1982년 6월 12일은 한국은행이 자판기 사업을 위해 500원 주화를 발행했던 날이다. 남편은 그날 큰 빨간 돼지 저금통을 가슴에 안고 약간 취해서 들어왔다. 내 손을 잡아끌고 안방으로 가더니 문갑 위에 돼지 저금통을 올려놓고서 나를 그 앞에 세우고 차렷 자세로 말했다.

"앞으로 이 돼지가 당신을 기쁘게 해줄 거야. 조용히 기다려 줘요."

그리고 주머니에서 500원짜리 동전 10개를 꺼내어 넣었다. 그렇게 해서 남편은 500원 동전을 모으기 시작했다. 남편만 넣었을 뿐, 다른 가족들은 넣지 못하게 해서 넣지 않았다. 점점 저금통은 무거워져서 들기가 버거웠다. 가족 모두 궁금해하며 그 돈을 어디다 쓸지를 물었지만 남편은 대답 없이 싱긋이 웃기만 했다.

드디어 어느 날, 돼지 저금통은 만삭이 되었다. 암만 동전을 밀어 넣어도 들어가지 않았다. 이제 분만을 시켜야 했다. 그럼, 언제 개봉할 건가? 의견이 분분했다. 드디어 돌아오는 주일에 개봉하기로 했다. 남편이 저금통에 동전을 넣기 시작해서 3년 2개월 되던 날이었다.

그날, 식구들은 주일미사를 마치고 집으로 모였다. 점심을 먹고 간식을 들면서 축제를 기다렸다. 모두 돈이 얼마나 되고 그 돈으로 무엇을 할 것인가를 발표할 남편을 주시하고 있었다. 우선 나는 감사했다. 무서운 폭풍이 지난 후 그토록 평화로운 일이 기다리고 있다는 사실이 행복했다.

남편은 돼지저금통 밑바닥을 면도칼로 찢어 동전을 큰 둥구미에 쏟았다. 각자는 자기 앞에 있는 동전을 세었다. 다 모으니 1,444개였다. 계산을 해보니 72만 2천 원이었다. 당시로서는 큰돈이었다. 놀란 식구들은 서로 얼싸안고서 동그랗게 원을 만들고서 흐느꼈다.

액수는 밝혀졌고, 그 돈으로 무엇을 할 것인지 남편의 발표를 기다렸다. 그는 겸연쩍은 표정으로 나를 일으켜 세우더니 내 손을 치켜들었다.

"엄마 손에 무엇이 있지?"

"아무것도 없어요."

"그래, 엄마 손가락이 비었어. 아빠가 이렇게 만들었어. 그래서 난 엄마에게 반지를 선물해주고 싶어. 너희 생각은 어때?"

"좋아요!"

어머님도 한몫했다.

"잘했다. 아주 잘한 일이다. 모자라면 내 용돈도 보태주마."

남편은 저금통에 돈을 넣었던 3년 2개월을 자기의 실수로 고생한 식구들에게 사죄하는 마음으로 살았다고 했다. 다시는 같은 실수를 되풀이하는 일은 하지 않기로 다짐했다. 단단한 가장으로 살아가기를 맹세하고, 반성하는 마음으로 동전을 모으기로 했단다. 그 후, 잃었던 약혼반지를 다시 받았다. 알반지를 사고, 남은 돈으로는 오래된 냉장고와 세탁기를 바꾸었다.

40여 년 전 일이다. 그는 그 일이 있고 네 남매를 다 결혼시키고 손주를 4명 거느리고 잘 살다가 먼저 먼 곳으로 갔다. 남편의 온기 가득한 반지는 지금까지 나의 마스코트가 되어 함께 살아간다.

 오늘도 나는 반지를 끼고서 집을 나서며 속으로 그를 부른다.

 '도마* 씨~ 같이 가요.'

*도마; 가톨릭 세례명

(2025. 06.)

잘 가요, 또 와요

　거실 커튼을 젖히니 그림 같은 세상이 펼쳐졌다. 너무나 환상적인 하얀 세상이었다. 어린애처럼 함성을 질렀다. 이 나이에도 자연의 작품은 감동으로 가슴을 떨리게 했다.

　공원의 연못에는 물이 많이 줄었다. 떼 지어 노닐던 청둥오리 가족도 보이지 않았다. 많이 쌓인 눈이 반가웠다. 눈이 녹으면 길이 미끄러워 외출이 힘들겠다는 걱정은 까맣게 잊고 마냥 행복했다. 들뜬 마음으로 정원을 내려다보며 사진도 몇 장 찍었다. 하얀 눈에 빠져 있다 보니 아침 식사가 늦었다. 부지런히 챙겨서 먹고 치웠다.

　요즈음엔 아침 식사를 하고 한 시간 정도 지나면 잠이

쏟아진다. 잠시 자고 나면 정신이 맑아지고 생기가 난다. 아침부터 할 일이 많아서 부지런히 끝내니, 벌써 오전 시간이 다 지나고 있었다. 거실은 가득한 햇살로 안온하다. 이제 좀 쉬려고 안마의자에 앉았다. 따뜻한 모포를 살짝 덮고 온열기를 저온으로 켰다.

 포근함을 느낀 순간, 오래전 그날이 생각나 나를 미소 짓게 했다. 남편과 연애 시절, 불광동 근처 서오릉 가는 들판에서 첫눈 맞이를 했던 추억이 되살아났다. 그날도 나를 집까지 바래다주던 그이가 느닷없는 제안을 했다. 만약 오늘 첫눈이 오면 다시 만나잔다. 나는 믿기지 않는 마음으로 새끼손가락을 걸어 약속하고 헤어졌다. 그런데 놀랍게도 얼마 후부터 눈발이 흩날리기 시작했다.

 우린 다시 만났다. 논과 밭뿐인 아무도 없는 넓은 들판을 둘이서 걸었다. 첫눈이 그만큼 많이 온 것은 드문 일이었다. 나는 부츠를 신었지만 그이는 발이 눈에 빠져 힘들었다. 내리는 눈을 흠뻑 맞은 우린 눈사람이 되었다. 눈싸움도 하고 하얀 눈 위에 누워 눈을 맞기도 했다. 그렇게 내리던 눈은 서서히 그치더니 어느새 푸른빛이 도는 달빛이 되어 온 천지를 비추었다. 그 푸르스름한 빛은 맴을 돌며 천천히 흐려지더니, 또렷한 형상으로 나타났다.

거실 소파에 남편이 앉아 있다. 그가 나를 끌어당기더니 자기 옆에 앉히고는 내 손을 꼭 잡는다. 그리고 그윽한 눈으로 나를 내려다본다. 그 눈빛이 어찌나 맑고 선하던지 나도 한참을 쳐다보고 있다. 서로 한마디 말도 없이 얼마나 시간이 흘렀을까. 나는 남편의 향기를 더 많이 간직하고 싶어서 가슴에 깊게 안긴다. 어디에 있었기에 우린 이토록 오랜만에 만나는 걸까. 어느 만큼 먼 곳에 있었기에 이제 왔을까. 따뜻한 그의 품에서 투정이 나온다. 그러는 사이 계속 같은 소리가 어렴풋이 들려오면서 눈이 떠졌다.

아득히 먼 곳에서 전화가 울렸다. 그 소리에 깨어났다. 꿈이었다. 아쉬웠다. 계속 울리는 전화를 받는 순간, 전화가 끊어졌다. 여론조사 전화였다. 허망했다.

남편이 떠난 27년 동안 그의 꿈을 세 번 정도 꾸었던 것 같다. 왜 꿈으로 왔을까 생각하니 '1월 15일'이 남편의 기일이다. 성당에 연미사를 신청해 놓은 때였다. 월요일 새벽 여섯 시 미사인데 먼저 다니러 왔던 것일까. 아니면 그이도 우리의 첫눈 데이트 생각이 나서 왔을까….

거실 창문을 열고 하늘을 향해 속삭였다.

"잘 가요, 또 와요."

그가 앉았던 의자 바닥을 오래도록 쓰다듬었다.

(2024. 03.)

아주 긴 오해

 열흘 이상을 자책에서 벗어나지 못했다. 또 다른 오해가 혹시나 더 있는지 나의 살아온 길을 돌아보고 또 돌아보았다.

 결혼 초에 그 아이를 만났다. 첫 장부터 엇갈리는 인연이었을까. 까만 얼굴에 불안해 보이던 큰 눈, 어색한 표정을 한 아이에게 마음이 선뜻 다가가지 않았다. 어머님의 친정 손주뻘 되는 친척이었다. 직장에 나간 엄마가 돌아오기를 기다리며 우리 집을 자주 들락거렸다. 아이는 우리 집에 올 때면 늘 남편의 애장품인 망원경을 갖고 놀았다.

어느 날, 아이가 다녀간 후였다. 퇴근한 남편이 여기저기를 뒤지며 고개를 갸우뚱거렸다. 뭔가를 찾고 있는 듯했다. 불안한 마음이 들어 물어봐도 "응~. 별거 아니야."라고만 했다. 그런데 다음 날에도 남편은 계속 무언가를 찾는 듯했고, 후에도 종종 그랬다. 그럭저럭 시간이 흘러 그 일은 잊혀 갔다.

그해 겨울, 우리 집 뒤편 미루나무 꼭대기에 있던 까치집에서 까치들이 싸움을 벌였다. 드문 일이어서 자세히 보려고 망원경을 찾았다. 늘 그 자리에 있을 거라 여겼던 망원경은 온종일 찾아도 없었다. 짙은 운무가 퍼지는 듯한 막막한 기분 뒤로 문득 조카의 모습이 떠올랐다. 그러면서 그 아이의 소행이 아닐까 하는 의심이 조심스럽게 일었다. 섣불리 어머님께 말씀드릴 수가 없었다. 그 후 이상하게도 아이는 다시 오지 않았고 오랜 시간이 흘렀다.

어머님도 돌아가시고 남편도 하늘나라로 떠났다. 한때는 혹시라도 아이가 커다란 덩치로 변해 불쑥 나타나면 어쩌나 하는 불안이 마음속에 맴돌기도 했다. 하지만 언젠가부터는 그 일을 까맣게 잊은 채 살았다.

50여 년 뒤, 지난 9월에 이사 준비를 했다. 세간살이를 정리하다가 반닫이 저 밑바닥에서 망원경을 발견했다. 그렇게 찾았던 망원경이 진남색 가죽가방 안에서 고요히 반세기를 자고 있었다. 망각의 늪 속에서. 순간 숨이 막히는 통증이 왔다. 그 자리에 주저앉고 말았다. 깊은 계곡으로 떨어지는 아찔한 느낌이었다.

긴 시간 그를 의심하고 어두운 눈동자를 싫어했던 죄책감에서 헤어날 수 없었다. 올곧은 양심을 추구하며 살아간다고 자부했던 나를 깊숙이 감추고 싶었다. 그런데 누가 반닫이 밑에 망원경을 넣어 두었는지 알 길 없었다. 반닫이는 늘 커다란 자물통이 채워진 채로 있었기에 그 안에 무엇이 들어 있는지 나는 알지 못했다. 열쇠는 어머님이 간직하고 계셨으니까. 어머님의 유품을 정리할 때도 반닫이는 남편이 맡아 정리했다. 그 구석 어딘가를 대충 훑고 지나쳤던 모양이다. 그때 망원경을 발견했더라면 얼마나 좋았을까.

그 후 망원경 가방을 잘 보이는 자리에 놓아두었다. 그리고 수시로 눈길을 주며 반세기 가까이 '아주 긴 오해'를 품고 살았음을 이제는 얼굴조차 흐릿해진 조카에게 고개 숙여 깊이 용서를 빌었다.

세상이란 무대에서 나는 지독한 아마추어였다. 성찰 없이 단순한 판단으로 살아온 시간이 아득했다. 조금만 더 깊이 생각했더라면 이토록 어처구니없는 실수는 하지 않았을 텐데…. 후회가 되었다.

오랜만에 망원경을 꺼내어 창밖을 내다본다. 저 멀리 '바라산'이 보인다. 그 산기슭 어디쯤 그의 모습이 보이는 듯도 하다. 지금쯤은 그도 환갑이 넘은 나이로 경로우대증을 가진 나이가 되었겠지. 손주를 거느린 할아버지가 되어 있을지도 모르겠다.

푸른 하늘 속으로 망원경을 올려보았다. 머리가 희끗

희끗한 낯선 할아버지의 얼굴이 스친다. 하얗게 웃고 있는 큰 눈의 할아버지가 보이는 듯하다. 찾을 수 있다면 그를 만나 진심으로 용서를 빌고 싶다. 그럴 수 있다면 얼마나 좋을까.

눈 아래로 초가을의 공원이 펼쳐져 있다. 크지 않은 연못 위엔 늦깎이 연분홍 수련이 군데군데 피어 있고, 단풍은 서서히 제자리를 찾아가고 있다. 자연의 섭리를 내가 어찌 헤아릴 수 있을까. 이제라도 오해가 풀리니, 하얘진 마음을 조심스레 끌어안는다. 맑고 투명한 초가을 햇살이 거실 가득 쏟아져 들어온다.

(2023. 11.)

2부

도시락 편지

딸들의 초대

알 없는 안경

생일 순례

울타리 속의 축제

종가 며느리의 변신

증손녀가 태어났어요

남편의 새집

작품 낭독

도시락 편지

 오래전 일이다. 대입 학력고사를 치르고 돌아온 둘째가 방글거리면서 말했다.
 "엄마, 점심시간에 도시락을 여니까 엄마 편지가 나오잖아. 얼마나 좋았는지 몰라. 엄마, 고마워요."
 그날 새벽, 진이가 목표로 하는 대학에 합격하기를 바라는 마음으로 평소에 하듯 도시락에 편지를 넣어 보냈었다.
 '사랑하는 진아! 그동안 공부하느라 매우 힘들었지? 오늘이 바로 네 실력을 발휘할 수 있는 날이네. 엄마는 너를 믿어. 진아! 조급하지 말고, 차분하게! 알았지?'
 큰딸은 자기가 원하는 대학에 진학했지만 작은딸은 좀

걱정이었다. 진이는 침착하게 문제를 풀었다고 했다.

직장 생활을 하는 동안 네 아이 모두에게 엄마의 관심과 애정을 공평하게 전하려고 했다. 아이들은 내가 퇴근하면 저마다 그날 있었던 일을 앞다투듯 말했다. 그러면 나는 차례대로 말하라며 웃으면서 말했다.

"줄을 서시오~."

매일 듣는 그 말에 아이들은 웃었다. 아무리 고단해도 아이들의 이야기에 귀를 열어 두었다. 들어주고 맞장구도 쳐주고 웃어주기도 하면서 같이하려고 애를 썼다. 자기 말을 들어주고 사랑의 마음으로 대화하는 부모를 절실히 필요로 했던 시기였는데 그때를 소홀히 했다면 아이들은 입을 다물고 외로운 아이가 되어갔을지도 모른다.

너무 바빠서 아이들의 이야기를 일일이 못 들어 준 날엔 도시락 편지를 써서 넣어주었다. 아이들은 부모와 소통하며 커야 인성이 바르고 곱게 자랄 수 있다는 진리를 난 부모님으로부터 배웠다.

여기에 또 한 분, 시어머님도 손을 드셨다. 나도 에미에게 말할 것 있다고. 그러면 나는 웃으며 "어머니는 이따가 아이들 끝나면 꼭 들어드릴게요." 하며 양해를 부탁했다. 노인의 푸념이 아니었다. 어머니는 동네 할머니 대장이었다. 온 동네 소식통이었다. 어머니의 이야기 속에는 나의 직업에 도움이 되는 정보도 있었다. 이렇게 대화를 이어온 덕분으로 네 아이들은 그 어렵다는 사춘기를 별 탈 없이 잘 넘겼고, 어머니와도 큰 갈등 없이 의지하면서 살아갈 수 있었다.

주말이면 남편과 함께 시장에 가서 일주일분의 생필품을 준비했다. 반찬거리 재료를 사서 부지런히 도시락 반찬과 평상시 반찬을 만들어 냉장고에 차곡차곡 쟁여 넣고 나면 휴일은 끝나고 몸은 녹초가 되었다. 다행히 대청소는 남편이 해주니 많은 도움이 되었다. 새벽이면 어김없이 일어나 한두 가지의 도시락 반찬과 아침 준비를 했다. 도시락을 두 개씩 싸가는 고학년 때는 점심과 저녁 반찬을 다르게 싸주려고 마음을 썼다. 이렇게 하려면 나의 잠자는 시간을 줄이는 것이 최선이었다. 직장에 다니면서 아이들을 키웠던 그때, 다섯 시간 이상을 자 본 적이 없다.

아침에 잠에서 깨어나지 못하는 아이들을 하나하나 안아주면서 속삭이듯 격려해주고 사랑해주면, 아이들도 나도 얼마나 즐겁고 행복했던지…. 내 삶에서 가장 감사한 일은 위로 두 딸과 아래로 두 아들을 낳아 건강히 키운 일이다.

"엄마, 나 짝꿍이랑 말 안 한다고 그랬잖아? 근데 엄마가 편지에 쓴 대로 했더니 걔가 나더러 잘못했다고 사과했어. 그래서 우리 화해했지. 고마워. 엄마, 사랑해."

도시락 편지는 아이들과 나를 튼튼한 사랑으로 이어준 끈이었다.

요즈음, 아침 7시쯤이면 가족 카톡방이 분주하다. 비 오는 날이나 눈 오는 날 아침은 더욱 야단스럽다.

"오늘은 집에 계시기를. 날씨가 좋지 않아요. 맛있는 거 잡수시면서요. 꼭이요! 엄마…."

"딩동~~~! 택뱁니다."

아이들이 보낸 반찬이 왔다. 가만히 들여다보니, 반찬 하나하나가 아이들이 색색으로 써 보낸 도시락 편지다.

(2024. 02.)

딸들의 초대

 느개가 소리 없이 내리던 날, 두 딸과 함께 여행을 떠났다. 한가로운 길을 질주할 때는 어린 딸들을 데리고 여행하던 젊은 날이 떠올라 행복했다. '설해원雪海園'이 초행인 나는 마음이 설레면서 든든한 두 딸과 함께 2박 3일의 여정이 조금만 더 길었으면 하는 욕심이 났다.

 점심으로 먹은 곰칫국은 담백하고 깨끗한 맛이 일품이었다. 점심 후, 설해원에 도착했다. 눈과 바다로 된 정원이란다. 아직 겨울은 멀었지만 하얀 설원과 시푸른 바다를 보는 듯했다. 아름다운 이곳에 눈이 쌓이면 얼마나 더 눈부실지 상상했다. 숙소에 짐을 풀고, 밖으로 나갔다.

작은딸이 운전하는 차를 타고 경내를 돌았다. 수만 평의 숲과 수억 년 온천수를 무한대로 즐길 수 있는 설해원의 원거리 조망권이 한눈에 들어왔다.

대부분 때 묻지 않은 원시림 그대로였다. 온천도 원탕이었다. 넓은 대지에 객실은 칠십여 채뿐이었다. 많이 짓지 않는 것이 최고의 건축이며, 자연의 설계도에 손대지 않는 것이 최상의 배려라는 사실을 증명이라도 하는 듯했다. 저녁 식사로 대게와 회를 인터넷으로 주문했단다. 6시에 속초까지 가서 찾아와야 했다.

숙소에서 세 모녀가 오붓하게 회포를 풀자기에 그러자고 했다. 비는 아직도 내리고 있었다. 시간에 맞추어 호텔을 나섰다. 빗발이 점점 굵어지니 조금 걱정스러웠다. 설해원을 벗어나니 컴컴했다. 거리엔 가로등도 없었다. 내비게이션이 알려주는 대로 차는 달리고 있었다. 다행히 주문한 음식을 잘 찾아 싣고 호텔로 돌아오는 길로 들어섰다. 잠시 후에 있을 오붓한 만찬을 상상하니 즐거웠다.

어느새 길은 칠흑 같은 어둠으로 꽉 차고, 빗줄기는 아까보다 더 굵어져 있었다. 그런데 차는 이상하게도 같은 길을 몇 번이나 돌았다. 덜컥 겁이 났다. 다행히 작은 집에서 불빛이 새어 나오는 것이 보였다. 차에서 내려 달려가 염치 불고하고 문을 두드렸다. 사정을 이야기하니 종종 있는 일이라며 왼쪽 굴다리로 내려가는 길을 그냥 지나쳐서 그런 것이니 잘 찾아가라고 일러주었다.

딸들이 식탁을 꾸몄다. 집에서 준비해 온 와인을 곁들여 무사히 숙소로 돌아온 것에 감사하며 늦게까지 만찬을 즐겼다. 나는 딸들이 나누는 수많은 이야기를 조용히 들었다. 공감도 하고 놀라기도 하면서 듣고 있자니 부럽기도 했다. 그들의 우주는 지금도 푸른 꿈으로 가득 차 있었다. 둘은 항상 깊게 통해서 내가 모르는 세계를 설계하고 즐긴다. 그런 딸들이 대견했다. 시간이 꽤 지나니 언제 비가 왔나 싶을 정도로 맑아졌다.

까만 하늘에 별들이 돋아나고 있었다. 별을 잘 볼 수 있는 곳으로 나가고 싶었다. 옷을 따뜻하게 입고 나섰다.

나무가 우거진 숲 안으로 들어가니 한가운데에 하늘이 가득한 곳이 있었다. 별빛은 경이로웠다. 셋은 얼싸안고 서 원을 그리며 고개를 하늘로 젖히고 빙빙 돌았다. 카시오페이아, 북두칠성, 샛별, 은하수…. 이름도 알 수 없는 무수한 별들이 우리를 매료시켰다. 나의 별자리는 어디에 있을까, 찾아보았다. 참 오랜만에 동심으로 맞는 즐거운 밤이 깊어 갔다.

거대한 자연 속에 불안도 욕심도 없이 두 딸과 함께 감동에 싸여 있다는 것만으로 흐뭇했다. 결혼 전에는 내 딸로만 있었던 그들이지만 이제는 수시로 함께 여행한다는 것이 그리 쉬운 일이 아니다. 같은 공간에 셋이 있다는 것만으로 나를 뭉클하게 했다. 철 따라 호캉스를 비롯하여 일본 여행, 국내 여행을 했어도 난 왠지 항상 허기진 느낌이었다. 딸들도 회갑이 다가오니 며느리들이 생기고, 사위와 손주도 생겨 자기들 식구만도 많은 숫자가 되어갔다.

얼마나 기다렸던 시간인가. 찬란한 별들을 가슴에 안

고 숙소로 돌아와 수억 년의 온천수가 있는 '자쿠지'에 몸을 담갔다. 내일은 어디로 가느냐고 묻지 않았다.

(2024. 09.)

알 없는 안경

줄줄이 이어진 일정에 허둥댄 오전이었다.

이제 마지막 일이 끝나면 작은딸을 만나 약속 장소로 가서 나머지 일을 해야 했다. 서둘러 남은 일을 끝냈더니 2시 약속 시간이 30분이나 남아 있었다. 한가한 마음으로 거닐며 여러 상점 안을 보고 있었다.

유리에 내 얼굴이 비쳐 보였다. 순간 얼굴이 좀 이상했다. 다시 보려고 안경을 벗고 유리창 안을 보는데, 들고 있던 안경의 왼쪽 알이 빠지고 없었다. 놀라서 다시 확인해도 없었다. 어떻게 이런 일이? 곰곰 생각해도 느낌이 안 왔다. 혹시 근처에 알이 떨어졌나 해서 꼼꼼히 찾아봤지만 허탕이었다. 얼마나 당황스러웠던지…. 세 바퀴를 돌고 나서 마음을 접었다.

어디서부터 이상한 할머니가 되어 여기까지 왔을까. 혹시 치매란 놈의 몸짓이 나를 쫓고 있었나. 진땀이 쏟아졌다.

번뜩 60여 년 전, 풋풋한 20대 시절이 떠올랐다. 무더운 여름날이었다. 친구와 난 '보컬클럽'에서 꽤 이름 있던 친구의 사촌오빠를 만나러 다방에 갔다. 약속한 시각에 그가 나타났다. 훤칠한 키와 적당한 근육, 잘생긴 얼굴에 약간 고수머리인 훈남이었다.

그는 외눈박이 검은 안경을 쓰고 있었다. 기분이 엄청 좋은 기세로. 너무나 놀랍고 신기했다. 혹시 그 모습이 예술인들의 유행이냐고 묻고 싶었다. 처음엔 왜 그렇게 자신을 쳐다보느냐는 듯이 우리를 보았다. 그러나 뭔가 잘못되었다는 느낌이 들었는지 안경을 벗어 살폈다. 그러곤 금세 절망으로 찌그러져 절규하는 모습으로 얼굴을 붉혔다. 우린 조용히 기다렸다. 그가 감정을 추스른 후, 차분히 말을 이었다.

점점 출연하는 곳이 늘고, 며칠 전에는 학수고대하던 방송 첫 출연을 했는데 성공적이었다며 마음이 부풀 대로 부푼 상태였단다. 그날 약속 장소에 오면서 버스를 탔는데 버스 안 승객끼리 웃으며 자기를 쳐다보는 사람이 많더란다. 어떤 사람들은 버스 정류장에서 내려서는 차 안에 있는 자신을 향해 웃으며 손짓했는데 방송 출연 효과가 대단한 줄로만 알았다며 무안해했다. 이제 긴 무명 시대를 벗을 수도 있을 것 같아 흥분한 상태가 되다 보니 안경 하나도 제대로 챙겨 쓰지 못하고 다닌 것 같다며 멋쩍어했다.

당황한 모습은 오랫동안 나의 가슴을 짠하게 했다. 그런데 내가 그 격이었다. 어쩌다 그와 같은 꼴이 되었는지 땅속으로 들어가고 싶었다. 안경알 한쪽이 빠져 개그 아닌 개그를 한 꼴이었다.

딸을 만났다. 난 알 빠진 안경을 쓴 채로 만났다. 별안간 낯선 나를 만들고 싶은 충동이 마음을 부추겼다. 돌발 행동이었다. 분간키 어려운 세월에 대한 반항이랄까. 사고도 없이 스스로 빠진 안경알은 내 탓이 아니야! 내가 늙은 탓도 아니야! 라고 외치고 싶었을까.

예민한 딸이 금방 알아차리리라 생각했는데 모르는 것 같았다. 나도 끝까지 말을 안 하고 태연히 대화했다. 우리가 간 곳은 커튼 가게였다. 아무렇지도 않게 상담했다. 근 한 시간이 지났다. 일이 끝날 때까지 커튼 사장도 딸도 나를 알아채지 못했]다. 묘한 쾌감도 있었지만 딸에게 약간 서운했다. 어쩜 이렇게 관심이 없다니…. 점점 기분이 나빠졌다.

일을 마치고 나오는데 딸이 내 팔짱을 끼며 조심스레 물었다.

"엄마, 안경은 어디서 그렇게 됐어?"

"너 알고 있었어?"

"응."

"왜 아는 체를 안 했어?"

좀 볼멘소리로 놀라서 물었다.

"엄마가 속상해할까 봐. 엄마가 모르고 있는 것 같아

서…. 커튼 사장도 모르는 것 같았어. 그래서 그냥 부지런히 예쁜 것 골랐지. 엄마, 좋은 카페에서 따뜻한 차 마시고, 안경원으로 빨리 갑시다."

 딸의 마음이 바다같이 넓게 느꼈다. 아주 오래전에 떠나신 울 엄마 품인 듯했다.

(2024. 09.)

생일 순례

 기승을 부리던 여름이 사그라지고, 멀리 갔던 서늘한 바람이 불어오는 가을이면 내가 태어난 날이 다가온다. 그날이 가까이 오니 자식들이 고민이 되나 보다. '코로나 19' 속에 16명 대식구가 만나기는 불가능했다. 네 남매 카톡방에서 의견이 분분하더니 결정이 났다.

 "어머니, 이번 생신은 형제들이 각각 모시기로 했어요."

 먼 지방에 있는 큰아들네는 빼고 삼 남매가 돌아가면서 하겠단다. 그러니까 생일잔치를 세 번 하겠다는 거였다. 생일날 아침 일찍, 며느리들에게서 전화가 왔다. 생신 축하와 함께 아침 식사를 함께 못 해서 죄송하다는 말이다.

현관문을 열어보라고 해서 열었더니 두 며느리가 보낸 소포 뭉치가 다섯 개나 와 있었다.

난생처음 경험하는 생일날 아침 풍경이었다. 자식들과 동생, 올케 그리고 친구들의 축하 인사가 연이어 왔다.

작은딸네 저녁 초대

작은딸네가 초대한 곳은 '꽃달임'이란 한정식집이었다. 식당 이름이 예뻤다. 한 번 와본 곳이다. 대문 옆에서 우리나라의 혼례복을 입은 아름다운 신랑 신부 목각 인형이 우리를 맞았다. 안으로 들어가니 은은한 가야금 소리가 들렸다. 한국 전통가옥에 맞는 중후한 가구와 기품이 있는 분위기가 마음에 들었다.

오랜만에 맛보는 궁중음식들이 식욕을 돋웠다. 흑임자죽으로 시작하여 조상들의 숨결을 느낄 수 있는 음식들이 정갈하게 나왔다. 신선로와 떡갈비, 장어구이, 탕평채, 차돌구이, 부각, 갖가지 나물과 전….

식사 후에는 케이크 자르기를 했다. 한방차와 과일을 곁들인 후식을 먹으며 많은 대화를 나누었다. 한국 음식과 서양 음식의 맛과 멋을 비교하며 토론도 했다. 한옥의 맛을 처음 느낀 막냇손자는 나중에 그런 집에 살고 싶단다. 마주 앉은 숫자가 적으니 속 깊은 이야기를 나눌 수 있어서 좋았다. 그 전엔 아이들은 어른 뒷전에서 듣기만 하고 있어서 속내를 가늠키 어려웠는데 처음 해보는 소규모 생일잔치는 오붓해서 좋았다.

막내아들네 점심 초대

맞벌이 부부라 평소에 막내아들네 식구와 다 만나기는 힘들었다. 대학생, 고2인 손주들과 오랜만에 만난다는 생각만으로 가슴이 설렜다. 평소에 막내 식구들과 만나면 육식을 하는 편이다. 불판 옆자리엔 늘 아들이 앉는다. 온 식구들이 잘 먹게끔 기름을 떼어내고 알맞게 구운 고기를 여기저기 각자 접시에 놓아준다. 혼자서만 분주하게 움직이며 시중드는 것이 안타깝지만 자신도 부지런히 먹으니 걱정하지 말란다.

평소에는 잘 못 만나던 손주들과 많은 대화를 했다. 막냇손자의 대학 진로 문제와 큰손녀의 미래에 대해서도 궁금증을 풀 수 있었다. 손녀는 화공학을 전공하고 있지만 뮤지컬 배우를 꿈꾸고 있다. 처음 알았을 때는 뜻밖의 발상으로 온 식구들이 놀랐다. 노래를 잘하고 외모와 체격이 아주 예쁜 손녀는 다행히 전공 공부도 잘하면서 음악 공부를 꾸준히 하고 있단다. 식구들은 머지않은 장래에 또 하나의 '조수미'가 탄생하여 화려한 무대에서 열연하는 손녀를 꼭 보리라는 기대를 은근히 하고 있었다.

큰딸네 집으로의 초대

작은딸과 함께 큰딸 집으로 갔다. 큰딸네 집은 오랜만이었고, 집에서 식사하는 것도 한참만이었다. 큰딸은 나를 위해서 월차까지 냈다. 큰손자는 마침 재택근무 중이었다. 20여 년 만에 살던 집을 전부 수리한 후라 집으로 초대했다.

평소 성품이 떠들썩한 것을 싫어하는 큰딸은 깔끔하고 편안하고 실용성 있는 집으로 꾸몄다. 약간의 구조변경으로 살림살이가 수납장에 들어가 군더더기 없는 꽤 넓은 집으로 변신했다. 딸은 두 아들이 대학에 들어가고 다시 직장에 나간 전문직 여성이다. 개성이 뚜렷한 편이어서 아직도 학생 같은 차림인데, 올 9월에 둘째 손자가 결혼하면 시어머니가 된다.

음식은 퓨전식이었다. 신선한 맛이 났다. 30대 초반의 손자와 50대 후반인 딸들과 나눈 식탁 대화는 다양했고, 이채로웠다. 큰손자의 결혼 문제와 앞으로 살아갈 방식, 하는 일에 대한 구체적인 대화가 오갔다. 나는 잘 이해가 안 되는 부분도 있었지만 그들의 내면을 들여다보는 계기가 되었다. 어느 결에 중년이 된 딸들과 한참 피어나는 손자들이 건전하게 자기 삶을 잘살고 있는 것 같아 뿌듯했다.

열흘 남짓 걸려 생일 순례가 끝이 났다. 소그룹으로 만난 덕분에 자손들의 새로운 모습들을 만날 수 있었다. 손주들이 성장해 가는 것을 보는 것은 큰 기쁨이었다. 흐르는 세월과 함께 내 아들딸들이 가족애로 가득한 알찬 부모들이 되어 있다는 그 자체로 귀한 생일 선물이었다. 딸들과 며느리들이 성숙한 어머니가 되어 있는 것을 확인하게 된 것도 큰 선물이었다.

(2021. 01.)

울타리 속의 축제

 1964년 12월 어느 늦은 밤에 첫딸을 낳았다.

 시간은 엄청 '빠르게' 흘렀다. 벌써 60년이 흘러 큰딸 내외의 환갑잔치에 초대되었다.

 동갑내기 딸과 사위는 생일은 다르지만 온 가족이 함께 할 수 있는 날을 골라 회갑연을 열었다. 큰딸네 두 아들과 며느리가 준비했다. 소박한 레스토랑에서 식사를 한 후에 자리를 옮겨 그들의 집으로 갔다.

 손주들이 준비한 2부 행사는 케이크 자르기와 포도주 축배, 그리고 축가 순서로 이어졌다. 아름답고 탐스러운 꽃다발 증정이 있었다. 조촐한 선물들도 건네졌다. 손주 며느리가 마이크를 잡고서 "할머니 모시세요." 했다. 큰딸네 두 손자가 나를 마이크 앞에 세우자 다시 손주며느리가 말했다.

"우리에게 건강한 가정과 가족을 주신 우리 할머니, 감사드립니다. 오래오래 건강하시기를 기도드리며, 모두 일어나서 할머니께 큰절을 올리세요."

그러자 모두가 나를 향해 절을 했다. 딸네 부부는 꽃다발을 안겨 주었고, 이어 나의 2세, 3세들이 한 명씩 다가와 나를 깊이 포옹했다. 늘 바쁘게 지내는 식구들이기에, 혹시 나를 잊은 건 아닐까 하는 섭섭한 마음이 들 때도 있었지만 그날, 내 아들딸과 손주들이 변함없이 그 자리에 서 있는 모습을 보며 문득 깨달았다. 이들은 여전히 나의 든든한 울타리이자 보호자들이라는 것을. 눈물이 났다.

프로그램은 퀴즈로 이어졌다. 평상시 부모에 대한 관심과 사랑의 척도를 퀴즈로 푸는 것들이었다. 자기 부모들이 좋아하는 음식과 취미, 재능, 일상의 버릇 등을 묻는 것들이어서 재밌었다. 부부의 어린 시절을 영상으로 만들어 틀어줄 때는 감회가 컸다. 돌과 입학식, 졸업식, 운동회를 담은 영상이었다. 대학 졸업식에서 둘이 나란히 학사모를 쓰고 찍은 장면이 나올 때는 감동이었다. 두 사람의 새로운 시작을 보는 듯했다. 행사 마지막에는 여러 상품이 걸린 놀이가 이어졌다. 상이 발표될 때마다 모두가 동심으로 돌아간 듯 환호했다. 그때는 초등학교 학예회를 떠올리게 했다. 나도 상을 하나 탔다. 상품은 예쁜 봉투였다.

그날 받은 꽃다발은 유난히 아름다웠다. 파스텔 색조의 싱그러운 색감과 은은한 향이 어우러져 기분까지 맑아졌다. 크리스털 꽃병에 꽂아 성모님 상 앞에 놓았다. 보라색 수국을 정점으로 소국과 파스텔 핑크, 노랑, 푸른색의 장미 일곱 송이와 이름을 알 수 없는 작은 꽃의 어울림이 아름다웠다. 화려한 꽃을 안고 있는 꽃병도 더 아름답게 보였다. 시간이 지나면 마른 꽃으로 만들어 하얀 백자 화병에 꽂아 두고 그날의 기쁨을 오래오래 간직하리라.

사람은 누구나 세상을 살아가며 크고 작은 꿈을 품는다. 자식을 별 탈 없이 건강하게 키우고, 바른 인성과 최선을 다한 교육으로 길러내기를 바란다. 그리고 언젠가 그 자식이 결혼하여 2세와 3세로 이어지는 생명의 기쁨을 함께 누리기를 소망한다. 큰딸 내외가 그 지점을 향하여 무탈하게 가고 있는 듯하여 감사하다.

큰딸 부부는 2023년 9월에 둘째 아들을 제 형보다 먼저 결혼시켰다. 작은외손자는 나에게 귀한 증손녀를 안겨주어서 나는 외증조할머니가 되었다. 예쁜 아가가 고고성을 울리며 우리에게 왔다. 하늘이 주신 큰 상, 얼마나 예쁘고 대견한지…. 이보다 더 큰 경사가 있을까. 감사의 인사를 수없이 해도 부족한 느낌이다.

두 해 뒤인 올해 2월에 큰외손자가 결혼하였다. 동생이 아기를 낳은 후 시작한 신혼이지만 아기 소식이 금세 왔다. 3월에 임신하여 지금 그 무서운 입덧도 지나서 아기는 뱃속에서 건강하게 자라고 있다고 한다. 이렇게 보기 드문 경사가 겹쳐 이 나이에 더없이 감사할 뿐이다. 올해

말엔 우리에게 예쁜 아가들이 둘이나 생기니, 우리 가족은 환희로 가득 찬 세모를 맞을 것이다.

  행복한 가정을 이루어가는 큰딸 내외가 고맙고 대견했다. 이 다복한 풍경을 꼭 보여주고 싶은 마음 때문이었을까. 문득, 오래전에 세상을 떠난 남편의 미소 띤 모습이 순간 스쳐 지나갔다.

(2025. 06.)

종가 며느리의 변신

　조상님께 고별인사를 하기 위해 제주祭主가 빠끔히 열어놓은 현관문 쪽으로 큰절을 드렸다. 촛불을 들고 현관 밖으로 나가 조상께 배웅하고 촛불을 끄니 아까부터 울렁이던 가슴이 미어지면서 눈물이 주체할 수 없이 쏟아져 내렸다.

　나는 안동 김씨 종가 종부다. 올해로 만 60년 동안 조상님의 제사를 모셔 왔다. 그러다 오랜 고민 끝에 이제 집에서는 조상 제사를 지내지 않기로 결정했다.
　27세에 종가댁 종부로 들어와 시어머님의 가르침을 따라 지내온 제사였다. 놋그릇으로 된 제기를 반짝반짝 닦는 것부터 시작하여 규격에 맞는 제수를 마련하여 음식을 만들고, 제상을 차리고, 예식을 하는 순서 등을 차곡차곡 배웠다. 새 달력을 받으면 제삿날과 집안 어른의 생신 날짜를 표시하는 것이 제일 먼저였다. 음력으로 된 날짜를 양력으로 찾아서 동그라미를 쳐놓고 실수하지 않도록 신경을 썼다.

제삿날이 다가오면 며칠 전부터 나박김치를 담그고, 시간 나는 대로 제수를 마련했다. 식혜와 수정과를 담그고, 산적과 전, 탕국에 쓸 고기와 조기도 미리미리 손질해서 보관했다. 다섯 가지 나물과 과일, 한과와 북어포, 제주 등 마련할 것이 많았다. 추석에는 젯메를 햅쌀로 준비했다.

직장을 갖고 나서도 최선을 다해 제사를 모셨다. 자손에게 효를 가르치고 집안의 뿌리를 심어주는 일이라 여겼기 때문이다. 두 아들의 결혼으로 며느리가 둘이 생기니 편해졌다. 처음 몇 년은 내가 시장을 보고 그들이 보조를 해주었는데 얼마 지나자, 며느리들 스스로 나의 임

무를 전수해서 그들이 이끌고, 나는 보조자가 되었다. 며느리들이 고맙고 대견했다.

어느 해, 큰아들네가 지방으로 가게 되었다. 나는 이미 많이 늙었고, 조금은 난감했다. 그때 작은며느리가 손을 들어 자기가 제사를 지내겠다고 선언하더니 그날로 제기와 제사에 필요한 병풍과 제사상을 챙겨서 제집으로 모셔가는 바람에 감동했다. 교편을 잡고 있으면서 남매를 키우던 터라 더 고마웠다. 그는 그때부터 나를 쉬게 하고, 조용히 규모 있고 정성을 다한 자세로 해냈다. 차례나 제사 전날 밤이면 작은아들은 나를 제집으로 데려가 다음 날 제사상에 제수를 고이는 일만 하게 했다.

20여 년이 흘렀다. 작은며느리가 나이도 드는데 교직을 병행하고 있으니, 옆에서 보기가 딱했다. 십 위나 되는 조상님의 제사를 부부끼리 통합하여 횟수를 반으로 줄여 5년을 모셨다. 그것도 힘에 겨워 3대 이하만 모시고 그 웃조상님들은 일 년에 두 번, 설날과 추석 때 차례로 지냈다. 그러다가 2025년부터는 나의 남편까지 전체 조상님들의 제사를 성당 미사로 지내기로 하고 아들 며느리 앞에서 발표했다. 둘째 부부는 놀라며 그대로 하겠다는 의사를 내비쳤지만 나는 마음먹은 대로 강행했다.

작년 추석 차례를 마지막으로 집에서 제사 모시는 것을 끝냈다. 각종 제기와 병풍과 도구를 정리하여 다용도실에 쟁이는 둘째네 부부를 보며 고마운 마음이 가득했다. 일을 결정하고 나니 며칠은 겁도 나고, 조상님께 종아리를 맞는 기분이었다.

설이 돌아오니 마음이 허전하고 송구한 마음에 가슴이 답답해졌다. 조상님들께 깊은 의논도 없이 저지른 일이기도 해서 엎드려 사죄를 드려야 한다는 생각까지 들었다. 한편으로는 '그래, 잘했다. 진즉 그래야 했을 일이었어!'라고 하시며 이해해주시리라 믿고 싶었다.

2025년에는 즐거운 소식이 있다. 집안에 식구가 두 명 늘어난다. 새해 1월에 증손녀가 태어나고, 2월에는 큰손자가 결혼한다. 예쁜 손주며느리가 두 명이 된다. 모든 일이 감사할 뿐이다. 증손녀가 태어나면 손주만도 아홉 명이니 2세와 3세, 4세까지 대식구다.

내 가슴이 이리 벅찬데 조상님은 얼마나 좋아하실까. 종가 며느리의 변신은 무죄가 아닐까.

(2025. 03.)

증손녀가 태어났어요

외손주 며느리에게 산통이 왔단다.

반가우면서도 모두 긴장된 마음으로 소식을 기다렸다. 나는 산모의 순산을 염원하며 묵주기도만 했다. 입원 첫날이 지나고, 다음 날도 진통으로 끝나가고 있었다. 유도분만도 할 수 없어 결국 제왕절개를 결정했단다.

드디어 산모가 무사히 예쁜 공주를 분만했다는 소식이 카톡에 올랐다. 온 집안은 축제 분위기가 되었다. 나의 막내 손주의 나이가 23세이니 집안에 아기 울음소리가 23년 만에 울려 퍼진 셈이다.

둘째 외손주가 결혼하여 아기를 가졌다는 소식을 들었을 땐 온 집안이 기쁨으로 가득 찼었다. 4개월이 지나서 태아가 손녀라는 것을 알게 되어, 또 한 번 식구들은 행복했다. 아들만 둘을 키운 큰딸네는 예쁜 손녀가 태어나기를 학수고대했다. 외손주 며느리도 여자 동생이 없어서 결혼하면 딸을 낳아 키우면 얼마나 좋을까 생각했다는데 꿈만 같단다.

3.4kg의 건강한 아기였다. 세상에 나오자마자 카톡으로 전해진 아기의 움직이는 모습을, 온 식구가 실시간으로 보며 설렜다. 얼마나 가슴 뛰던 순간인지…. 까만 머리카락이 풍성하고 큰 눈과 오뚝한 코, 귀도 잘생겼다. 피부는 아직 붉은색이었다. 조그만 입은 정말 예뻤다.

아기는 금방 인맥 부자가 되었다. 외증조할머니가 있고, 친할머니와 친할아버지, 이모할머니와 이모할아버지를 비롯한 당대 어른만도 아홉 명에 고모 셋, 삼촌 셋, 큰아빠와 큰엄마…. 외가 식구는 또 얼마나 많을까. 어마어마한 양가 식구들이 울창한 울타리가 되어 줄 테니 아기는 무럭무럭 자라서 잘 크리라는 확신이 든다.

아기가 태어난 지 이틀째, 온 식구가 병원으로 갔다.

아기는 유리로 된 신생아실 이동식 작은 침대에 누워 강보에 싸여 있었다. 앙증맞은 모습은 천사를 눈앞에서 보는 기분이었다. 가슴이 벅차올라 자꾸 눈물이 났다. 외손주 부부를 꼭 안아주었다. 이 세상에 이보다 더 큰 선물은 없을 것 같았다. 아기 아빠가 다음 둘째는 좋은 터울로 갖고 싶다고 했다. 얼마나 멋진 서약인가.

2월 하순에는 또 큰손자가 결혼한다. 그는 전에는 결혼은 하더라도 아기는 안 낳을 생각이라고 말했다는데, 동생의 아기를 본 후에는 마음이 바뀌었다. 자기도 아기를 갖고 싶다고 했단다.

출생신고를 하고 온 아기 아범이 서류를 보여준다. 이름을 미리 지었던가 보다. '이채하李彩霞' '빛이 아름다운 노을, 지평선에 드리운 빨간 노을'이다. 이 세상에서 가장 따뜻한 빛이 되라는 의미란다. 온화하고 심오함을 느끼게 하는 아름답고 귀한 이름이다. 세 식구 가정에 축복이 내리기를 기도했다.

참 오랜 시간을 살았나 보다. 나는 오늘도 내 자리를

지키며 바쁘게 살아간다. 강의도 듣고, 책도 읽고, 글도 써야 한다. 친구들과의 모임에도 나가야 하고, 문학 동아리에도 참가해야 한다. 내가 친언니처럼 모시는 93세의 언니 친구도 돌봐야 한다. 이제는 증손녀 예쁜 '채하'가 건강히 자라는 모습도 정성껏 지켜봐야 한다.

긴 시간을 살아오는 동안 많은 슬픔을 겪었다. 아픈 눈물이 쏟아지는 이별도 있었다. 큰 버팀목이었던 시모님과 사랑하는 남편의 죽음은 나에게서 한동안 살아갈 힘을 앗아갔다. 안정된 제2의 생을 함께할 나이에 그들은 영원 속으로 떠났다. 나의 분신과도 같은 사랑하는 동생 '예나'의 죽음은 또 한 번 나를 잃고 해찰하게 했다.

신은 가끔 거만해지지 말라고 시련으로 나를 아프게 하고, 낮아지는 법을 배우라고 채찍을 들었던 것 같다. 이제는 축복의 물결을 넣어주실 거다. 그 물결은 우리 가족의 앞날을 힘찬 기운으로 이끌어 줄 거다.

(2025. 02.)

남편의 새집

경기도 양주시 장흥면 울대리 천주교 묘역.

짙은 초록의 나무들이 빙 둘러 있는 산새에 하늘까지 파랗다. 남편이 30년 가까이 누워 있던 곳이다. 상석 양옆 돌 화병엔 생화나 조화가 철 따라 바뀌어 꽂혔다. 봉분 뒤에는 비석이 있고, 남편과 나의 이름이 새겨져 있다. 남편 이름 옆에는 이곳에 입주한 날짜가, 내 이름 옆은 아직 빈칸으로 남아 있다. 짧은 비문이 적힌 비석 뒤에는 우리 가족의 이름이 차례로 새겨져 있다.

올봄에 아들들이 조심스럽게 묘 이장 계획을 들려주었다. 나는 쾌히 동의했다. 산소를 관리하는 일이 얼마나 힘든 일인지를 잘 알기에 두말할 여지가 없었다. 게다가 이 묘역은 애초 30년 사용 조건으로 계약되어 있었기에 이견이 있을 수 없었다.

아들들은 납골 가능 후보지를 몇 곳 선정하여 함께 가 보자 했다. 그렇게 해서 돌아보고 정한 곳이 '분당메모리얼파크'였다. 삼 년 전에 세상을 떠난 내 동생이 있는 곳인데, 마침 같은 동에 모시게 되었다. 사진 속에서 동생이 웃으며 '반가워, 고마워.' 하는 소리가 들려오는 듯했다.

올해는 음력 6월에 윤달, 윤달이 든 해다. 양력으로는 7월 25일에서 8월 23일까지다. 옛 풍속에 윤달은 공달空月이나 썩은 달이라고 하여 이 기간에 이장移葬하면 신의 노여움을 피할 수 있다고 했으니 잘된 일이었다. 그런데 막상 파묘해 유골을 화장한 후에 새 묘역에 안치하려니 여간 조심스럽지가 않았다.

아직 여명인 때에 아들과 딸 사위 손주들이 모였다. 큰아들도 산청에서 벌써 와 있었다. 새벽 3시에 출발했단다. 인부들이 오기 전에, 산소에서 마지막 제사를 지낸 후 연도를 하고 성가를 부르는데 눈물이 흘러내렸다. 무엇이 바빠서 환갑 전의 나를 두고 그리 급히 갔는지 묻고 싶었다. 고생 다 끝나고 행복한 노후를 설계할 때였건만, 억울한 마음에 푸념이 나왔다. 그때 큰아들이 상석 밑에서 작은 호미를 꺼냈다. 우리는 모르는 일이었다. 그동안 그 먼 곳에 살면서도 수시로 찾아와서 아버지 집을 돌보았던 모양이다. 뭉클했다.

인부들이 왔다. 나와 두 딸은 흙을 다 파낼 때까지 차에 있으라 했다. 파묘를 했을 때 두려운 상황이라도 있을까 하는 아들들의 배려였다. 좀 지나서 오라는 연락을 받고 가보니 굴착기로 파낸 흙이 볼그레했다. 그렇게 많이 내린 비에도 흙은 뽀송뽀송했다. 모두가 절을 하고 살펴보니 관도 수의도 완전 흙이 되어 흔적도 없고 뼈만 남아 있었다. 다행이었다. 28년 만의 해후였다. 이렇게 변하는 것이구나. 놀라우면서도 고요한 침묵이 찾아왔다.

인부들은 뼈를 추려 신체 부위별로 창호지에 정성껏 싸

서 작은 종이 관에 차곡차곡 넣었다. 다 넣고 나니 진토가 된 흙만 남았다. 한때 176센티미터의 키에 80킬로그램이었던 사람. 그는 어디에도 없었다. 그 모습이 과연 나와 부부로 살았던 바로 그가 맞는지, 뜨겁게 사랑했던 내 남편이 맞는지 의문이 들 정도였다.

그래도 다행이라 해야 했다. 남편이 살았던 집은 너무 깨끗하여 생전의 별명이었던 '청소 박사'에 걸맞게 관리된 듯했다. 인부들도 30여 년 일을 했어도 이렇게 깨끗한 묘지는 처음이라고 했다. 그 말에 마음이 놓였다. 깊이 감사드렸다.

장례식장에서는 오래 기다렸지만 화장하는 데는 40분 정도밖에 걸리지 않았다. 정성껏 도자기 항아리에 넣고 함으로 포장하여 멜 수 있도록 해주어서 장손자가 메고 분당메모리얼파크 봉안당으로 이동했다. 일생을 산 사람의 몸이 저토록 작은 항아리로 담기다니 무상함을 느꼈다. 연락을 받고 나온 직원이 봉안묘를 열고 유골함을 넣었다. 모두 고별인사를 하자 완전히 문을 닫았다. 허망했다. 이제 그는 가루로 변하여 상징으로 있을 뿐이었다. 간혹 그이가 생각날 때면, '울대리'를 떠올리곤 했는데…. 그곳에 그이가 누워 있다고 생각하면 자주 스산해지는 마음을 달랠 수 있었는데 이제는 그 어디서도 위로받지 못할 것 같아 눈물이 났다.

생전에 남편의 미소 짓던 얼굴이 떠올랐다. 시어머님은 11명의 자손을 낳았지만 어린 날에 다 떠나보내고 5명만 키우다가, 또 큰아들이 중3 때 파상풍으로 세상을 뜨는 바람에 4명만 남았다. 그런 연유로 차남이었던 남편은 일생을 종가 맏이로 살아야 했다. 서투나마 자기 몫을 열심히 하려는 마음 곧은 사람이어서 힘이 들었을 텐데도 워낙 여유로운 품성으로 내색을 하지 않고 가족을 건사하며 잘 살다가 갔다. 그가 간 후 아쉬움에 눈물지었던 날들이 얼마나 많았던지. 시간의 더께가 점점 두꺼워지면 결국 다 이렇게 잊히고 말 것을….

남편을 새집에 두고 돌아오는 길. 이제는 산청의 큰아

들이 작은 호미를 들고 산소를 돌보러 올 일도 없겠구나 싶으니, 또 허전해졌다.

  아직도 들녘에는 여름이 그들먹하다.

(2025.09.)

3부

우리들의 천국, 미로 골목

동생과 나막신

날 부르는 소리에 돌아보면

노랑나비

하얀 빈자리

긴 하루

고립 속에서 맺은 열매

나팔꽃이 피었습니다

작품 낭독

우리들의 천국, 미로 골목

해방이 되고 초등학교에 들어가기 전 우리 가족은 돈암동 전차 종점이 있던 곳에 살았다. 그 동네에서 가장 번창한 곳으로 상점이 많고 화려했다. 하지만 그곳을 벗어난 뒷길에는 구획정리가 안 된 작은 한옥들이 다닥다닥 붙어 있었고, 미로 같은 골목이 이어졌는데 막다른 곳에 운동장만 한 집터 하나가 있었다. 동네 아이들은 누가 부르지 않아도 저절로 그곳에 모여서 뛰어놀다가 저녁때가 되어 부모나 형제들이 저녁을 먹으라고 부르러 오면 흩어져 집으로 돌아가곤 했다.

여자아이들은 사방치기와 줄넘기, 공기놀이, 고무줄놀이 등을 주로 하며 놀았고, 남자아이들은 축구와 자치기,

구슬치기, 제기차기, 땅따먹기, 말타기 등 거친 놀이를 했다. 눈이 오는 날이면 남자 여자 편을 먹고 눈싸움을 했다. 그러다 눈사람을 만들며 놀면 추운지도 몰랐다.

나는 각종 놀이마다 선수로 인정받았는데 늘 동생을 데리고 놀았다. 친구들은 내가 빠지면 재미가 없다며, 꼭 같이 놀자고 했다. 나는 어떤 종목은 어린 동생을 참여시키기 위하여 조건을 내놓았다. 동생을 '깍두기 선수'로 끼워주기로. '깍두기 선수'는 승패와 관계없이 그냥 보너스로 끼워주는 거다. 서툴지만 동생의 기쁨은 컸다.

동생이 '깍두기 선수'로 처음 출전하던 날의 놀이는 공기놀이였다. 동생은 긴장하였는지 공깃돌 쥔 손을 많이 떨었다. 괜찮다고 안심을 시켰지만 출전할 때마다 실패했다. 두 번째 줄넘기도 박자가 맞지 않아 발이 걸려서 넘지를 못했다. 울상이 된 동생은 내 품에 안겨 울음을 터뜨렸다.

그래도 집으로 가면 동생은 엄마에게 '깍두기 선수'로 등판한 장한 순간을 숨차게 자랑했다. 온 식구는 막내의 출연을 축하해주며 기를 돋아 주었다.

그렇게 시작한 동생의 깍두기 선수 생활은 차츰 나아져 갔지만 이사하는 바람에 더는 발전하지 못했다. 그래도 그곳에서 누린 우리의 행복은 동생의 기억 속에서 행복한 추억으로 남았던 모양이다. 그는 나이 들어서도 언니 덕에 누린 깍두기 선수 특전을 두고두고 웃으며 이야기했다.

이사를 간 곳에는 집 근처에 넓은 배추밭이 있었는데 김장이 끝나고 나면 배추밭이 공터로 변해 아이들의 천국이 되었다. 나는 초등학교에 입학했다. 내가 학교에 가고 나면 동생은 혼자 놀았다. 친구도 없는 동생은 인형과 이야기하며 놀기도 하고, 가랑잎 몇 개를 주워 나무 빨래판 밑에 넣고 혼자서 널뛰기도 하며 나를 기다렸다. 내가 3학년이 되자 동생도 입학했다.

나중에 자라서도 우린 간혹 그 골목 운동장의 추억을 되뇌곤 했다. 그러면 아련한 동화처럼 느껴지면서 그 친구들은 어찌 되었을까 하고 궁금해할 때도 있었다. 어느 날, 동생과 나는 우리가 살던 돈암동 뒷골목을 찾아갔다. 어떻게 변했을까. 설레는 마음을 안고 갔다. 어쩌다 골목을 잘못 들어가면 집을 잃은 적도 있었던 그 어린 날의 골목 미로가 눈앞에 선했다. 하지만 꼬부랑 골목도 빈 집터도 다 사라지고 없었다. 달고나를 만들어 팔던 풍로가 있던 곳은 어디쯤인지 암만 둘러보아도 알 수 없었다. 뻥튀기 아저씨가 "뻥이요!" 하고 외치던 골목도 없었다.

흙길은 콘크리트로 덮여 있었다. 우람한 아파트 동과 동 사이의 연결 길들에는 아름다운 나무와 꽃들이 피어 있었다. 발전한 모습이 좋으면서도 어린 시절, 우리의 꿈을 키우던 곳이 다 사라진 것 같아 허전했다. 그러나 그 마음도 잠시뿐, 힘든 역사를 견뎌내고 멋지게 변모한 모습에 벅찬 감동이 일었다. 기적이었다. 가슴이 마구 뛰었다. 동생과 나는 서로 쳐다보며 손을 꼭 잡고 조용히 뇌었다.

"우리, 미로 골목의 추억은 꼭 간직하며 살아가자."

동생은 한마디를 더 보탰다.

"그래, 언니. 그리고 나 깍두기 선수를 했던 일은 절대로 못 잊어!"

(2024. 03.)

동생과 나막신

잠이 든 동생의 모습이 평화롭다. 긴 세월을 앓아 온 얼굴이 아니다. 그 얼굴 위로 이 세상에 처음 오던 날의 동생 얼굴이 떠오른다.

겨울비가 내리던 날이었다.

만삭인 엄마가 해산기가 있어 갑자기 온 집안이 술렁거렸다. 이웃에 사는 고모가 긴장한 모습으로 뛰어왔다. 엄마는 가게 문을 닫고 태어날 아기를 분주하게 준비하는 듯했다. 고모는 나를 이웃집에 가서 놀다 오라며 내보냈다. 나는 아끼던 나막신을 꺼내어 처음 신었다. 태어날 아기에게 보여주려고 작은 우산을 쓰고 들뜬 마음으로 걸어갔다.

 아버지가 사다 주신 나막신이었다. 그 당시, 우리 동네에는 꽤 많은 일본인이 살았는데 나는 그들이 신고 다니는 '게다'가 신고 싶어서 아버지께 사 달라고 졸랐다. 아버지는 "우리는 조선 사람이다."라고 하셔서 터지려는 울음을 꾹 참았다. 그런 어느 날, 아버지가 이웃 가게에서 나막신 한 켤레를 사 오셨다. 여자 고무신같이 신코가 있고, 앞뒤로 굽이 있는 나무 신발이었다. 나의 것은 굽이 낮았다. 당시는 온 동네 길이 진창길이었는데 나막신을 신으니 걷기에는 조금 불편했지만 흙탕물이 들어오지 않아서 좋았다. 걸을 때마다 "딸까닥딸까닥." 하고 나는 신발 끄는 소리도 나를 신명나게 했다. 그런데 엄마가 아기를 가졌다는 사실을 알고부터는 나막신을 신지 않고 잘 모셔두었다. 동생이 태어나면 나막신 신은 모습을 보여 주고 싶었기 때문이다.

 이웃집에 있다가 오니 드디어 나는 언니가 되어 있었다. 아기가 자는 모습이 보였다. 내 인형보다 작은 듯했다. 머리가 유난히 크고 이마와 뒤통수가 짱구였다. 실감이 나지 않았다. 엷은 땀이 솟아 이마에 송골송골 번지고 있었다. 만지고 싶었지만 참았다. 신기했다. 엄마의 불룩한 배에서 이 아기가 살았다니 놀라웠다. 엄마는 내 마음을 아시고 너도 이렇게 나왔다고 했다. 엄마는 요술쟁인가. 아기는 눈을 잠깐 뜨더니 입을 오물댔다. 사랑스러웠다. '내가 네 언니야.'라고 소리라도 치고 싶었다.

엄마는 42세에 늦둥이를 임신해서 주위가 부끄럽다고 고민했지만 그래도 나를 언니로 만들어주셨다. 나는 행복했다. '언니' 하고 부르는 소리가 기다려졌다. 나는 매일 신기한 눈으로 아기의 작은 변화를 지켜보았다. 신이 나서 방 안에서 나막신 신는 연습도 부지런히 했다. 동생을 업어주려면 숙달이 되어야 하니까. 엄마를 졸라서 동생을 업을 작은 처네를 만들어 달라고 했다.

어느 날, 아기는 옹알이를 시작했다. 신기하고 놀라웠다. 내가 얼러주는 대로 무어라 옹알댔다. 신바람이 나서 동생 곁을 떠나지 못했다. 조금 더 자라니까 웃음소리가 커졌다. 언뜻 생각이 났다. 동생 앞에서 나막신을 신어보고 싶었다. 깨끗하게 씻은 나막신을 꺼내어 신고 걸어 보이며, 일부러 절룩이며 걸었더니 까르륵까르륵 웃었다. 내가 나막신을 신고 걷는 모습을 한참 지켜본 동생이 드디어 두 살이 되었다.

동생은 걸음마를 시작했다. 아장아장 걸어 다니며 온갖 저지레를 시작했다. 부모님은 바빴고 언니 오빠들은 학교로 가야 했으므로, 아직 학교에 안 가는 내가 동생 돌보는 역할을 자연스레 도맡았다. 엄마의 가게에는 방이 있었다. 우리들의 놀이방이었다. 매일 방에만 있으니 아기를 데리고 나가고 싶었지만 엄마가 말렸다. 그래도 호시탐탐 기회를 엿보고 있었다.

초여름 어느 날, 집에 동생과 단둘이 있었다. 나는 동생을 업고 나막신을 신었다. 조금 겁이 났지만 그동안 많은 연습을 했으니 잘 걸을 수 있을 것 같았다. 이웃에 있는 고모네를 향했다. 혹 넘어져서 다칠까 싶어 한 발 한 발 조심조심 걸었다. 아기는 등에서 곧 잠이 들었다. 그러자 내 걸음은 더 조심스러워졌다. 동생이 깰까 봐 나막신 소리가 나지 않게 조심조심 걸었다. 그래도 즐거웠다. 반갑게 환히 웃을 고모를 상상하며 흐르는 땀을 연신 손으로 닦으며 콧노래를 부르며 갔다. 그런데 어쩌나! 고모 집에 도착하니 대문에 크고 까만 자물쇠가 매달려 있었다. 당황스러웠다. 아기가 깨어 울었다. 배가 고픈 것 같았다. 덜컥 겁이 났다. 다시 집을 향해 부지런히 뛰다시피 걸었다.

돌아오는 길은 아주 멀었다. 동생은 계속 울었다. 나는 울음을 그치게 하려고 더 빠른 걸음으로 걸었다. 집에 오니 엄마는 초조히 기다리고 있었다. 엄마를 보자 울음이 터져 나왔다. 등에서도 울음소리가 났다. 나막신을 신은 내 발뒤꿈치와 발톱에서 피가 나고 있었다. 엄마의 눈에서도 눈물이 흘렀다. 엄마가 우는 나를 감싸안아 주며 다독였다.

"언니 노릇이 정말 힘들구나. 장하다. 우리 딸."

나는 다시 소리를 내어 엉엉 더 큰 소리로 울었다. 기뻐서인지, 아파서인지 분간할 수는 없었다. 발톱이 빠져서 몇 달 치료를 받았다. 그날 이후, 사랑했던 나막신은 한동안 만날 수가 없었다. 아빠가 어디엔가 감춰두었기 때문이다. 몇 달 후, 나막신을 다시 받았다.

나는 초등학교에 들어가고 2학년이 되었을 때부터 동생에게 한글을 가르쳤다. 내가 배운 그대로 가르쳤다. 그래서인지 동생은 어려서부터 책 읽기와 일기 쓰기를 좋아했다. 그도 중학생이 되었다.

우리 집은 5층 아파트였는데 아파트 간의 간격이 그리 넓지 않았다. 앞 동에 동생과 같은 학년의 남학생이 살았다. 우리 방이 그 애가 쓰는 방과 마주 보게 되어서 불편했지만 항상 커튼을 치고 살았다. 감수성 예민한 동생은 그를 보고 있었다. 남학생은 키가 크고 잘생긴 데다가 공부를 잘해서 동네에서 이름이 나 있었다. 동생은 보내지는 않으면서 그 학생에게 매일 편지형 일기를 썼다. 물론 나에게만 보여주었다. 그렇게 쓴 편지가 3년간 노트 20권이 넘었다. 혹시 잘못될까 봐 겁도 났지만 글이 문학적인 작품으로 바뀌어 가는 것이 보였다.

국립도서관 사서로 근무하는 동안 나는 동생이 원하는 책은 다 대출해서 갖다주었다. 신간이 나오면 둘이 같이 읽고 생각을 나누는 일이 즐거웠다.

동생이 대학에 진학할 때 나는 적극적으로 여자대학을 추천했다. 아무래도 들어가기가 쉬울 것으로 생각했다. 나는 남녀가 같이 다니는 대학에 지원했다가 실패한 경험이 있어서 동생이 나의 실수를 되풀이할지도 모른다는 불안감이 있었다. 또 지금 생각하면 오산이었지만 대학에서도 여자끼리의 경쟁이라면 조금만 잘하면 눈에 띌 수 있을 것으로 생각했다. 동생은 도서관학과를 택하여 합격했다. 그리고 입학해서는 대학 학보사 기자로 활동하며 소설가의 꿈을 키워갔다. 동생은 늘 언니가 탁월한 선택을 해줘서 고맙다고 했다.

그런 동생이 대견하여 나는 월급을 받으면 동생에게 옷을 사주고 용돈도 잘 챙겨 주었다. 아침이면 으레 옷장 문을 열고 동생이 입을 옷을 먼저 고르게 하고, 나는 남은 옷 중에서 골라 입고 출근했다. 이렇게 우린 내가 결혼할 때까지 한 몸같이 살았다.

나는 종가 며느리로, 네 아이의 엄마가 되었다. 동생도 결혼하여 세 자녀의 엄마가 되어 아내로 한 집안의 며느리로 최선을 다해 살아냈다. 마흔 초반에 소설가로 등단하여 한참 글을 쓰던 중에 뜻밖에 파킨슨병을 얻었다. 그때부터 동생의 날들에는 자주 비가 내렸다. 동생이 걷는 길은 자주 진창길이 되었다. 이 세상에서 하나밖에 없는 동생이 그 몹쓸 병에 걸려 고통 속에서 살아가는 모습은 나를 참으로 슬프게 했다. 나막신이 되어주고 싶었다. 나는 직장에서 많은 직원을 지도하면서 크고 작은 일이 끊임없었지만 동생이 부르면 언제든 만사 제치고 달려갔다.

모처럼 손을 잡고 두어 시간 삼각산 밑 '시루봉 꽃길'을 걸었더니 동생이 피곤했나 보다. 아직도 동생은 자고 있다. '심술보 파킨슨아, 20여 년을 그 가냘픈 몸에 서식하고 살았으면 이젠 물러가거라! 물러가거라!' 큰 소리로 외치고 싶다. 우린 만나면 끝없는 대화가 이어진다. 재치와 유머 감각이 탁월한 동생과 함께 있으면 언제나 즐겁다.

　기력이 있는 한 진창길, 굽은 길 마다하지 않고 함께 걸어가 주고 싶다. 어릴 적 동생을 업고 나막신을 신고서 고모 집까지 갔다가 허탕을 치고 돌아오던 그날처럼, 발톱이 빠져서 피가 나더라도 말이다.

　그날 들었던 엄마의 목소리가 가까이에서 들려오는 것만 같다.

　'언니 노릇이 정말 힘들구나. 장하다. 우리 딸!'

(2020. 04.)

날 부르는 소리에 돌아보면

　실루엣으로 희미하게 동생이 보인다. 부지런히 뛰어가면 만날 수 있을까. 견디기가 어렵다. 지난주 목요일에 혜화역에서 일주일 뒤인 오늘 만나기로 했었는데….
"데레사, 너 지금 어디에 있니?"
"언니!"
동생의 또렷한 음성이 들렸다.
"어디?"
엉거주춤한 동생의 슬픈 얼굴이 스쳐갔다.

　아픈 동생과 목요일에 만나기로 한 약속을 까맣게 잊고 이사 준비만 하고 있었다. 온 집안이 엉망인데 전화가 왔다.

"언니! 어디쯤 와?"

"응?"

그제야 그날 동생과 만나기로 한 약속이 떠올랐다. 온몸에 진땀이 났다. 카페에 들어가 기다리라 하고 급히 외출 준비를 하면서 생각하니 아무래도 무리일 것 같았다. 몸이 불편한 동생이 지금부터 한 시간 이상을 기다리면 지칠 것 같았다. 전화를 걸어 일주일 후에 만나기로 미루고 나니 아쉬웠지만 안도의 숨이 나왔다.

그날, 내가 약속을 지켰더라면….

그랬으면 훌쩍 떠나는 일은 피했을 수도 있지 않았을까. 일주일 후면 만날 수 있다고 믿었다. 동생의 기분이 아주 좋은 상태였기에 불안한 기색도 없었다. 저녁에 전화로 다시 사과하고 평상시같이 낄낄거리며 수다를 한참 떨었다.

뒤로 물린 약속이 영영 이별일지를 어찌 상상이나 했을까. 죽고 싶도록 내가 미웠다. 다시 만나기로 약속한 그

나흘 전에 동생은 홀연히 세상을 떠났다. 이렇게 허망한 일이 있다니. 작별 인사 한마디 할 새도 없이 왜 쫓기듯 황망히 갔을까?

5남매 중 그와 나, 둘만 남았었다. 나는 왜 걔가 건강해지고 있다고 믿었을까. 가끔 동생은 "언니, 주님은 오늘도 왜 날 데려가지 않으실까?" 하면 난 속이 상했다. "또, 그 소리! 제발 약한 마음 먹지 마. 내가 먼저 가고 내 뒤치다꺼리 한 다음, 오래오래 있다가 따라와." 그렇게 티격태격하면서 우린 슬프게 웃었는데…. 가슴이 시리다.

80을 넘기며 살아오면서 마음이 떨어져 있었던 적이라곤 없었다. 오랜 세월 지나면서 매일 긴 대화를 나누며 살아도 헤어질 때는 항상 아쉬움이 남았다. 그는 동생이지만 나의 정신적인 지주였고, 멘토고 반려자며 절친이자 문단의 대선배였다. 오래전 남편을 잃었을 때만큼이나 아프다. 얼마 남은 삶인지는 몰라도 그 없이 어떻게 살 수 있을까? 시간이 슬픔을 잊게 하는 묘약이라지만 과연 나도 그렇게 살아갈 수 있을까. 겹겹이 쌓인 추억과 대화와 사랑을 혼자서 간직한 채로 말이다.

그가 태어나던 날은 음력 11월, 초겨울의 비가 조용히 내리던 때였다. 네 살 차이지만 난 또렷이 기억한다. 언니가 된 내가 자랑스러웠다. 의젓한 마음으로 동생을 보호하고 잘 키우는 호위무사 같은 책임감을 느꼈다.

자그마한 체격에 갸름한 얼굴, 조리 있고 다정한 말씨, 유머와 재치가 밴 사랑스러운 여인이었다. 어려운 이웃을 열심히 돕고 시어머니를 95세까지 모시면서 소설도 얼마나 열심히 썼던지…. 우린 언제나 함께해서 주위의 많은 사람이 부러워했다. 동생이 지금 옆에 있다면 얼마나 행복할까. 그를 이제는 다시 볼 수 없다는 현실이 너무 슬프다.

동생이 없는 50일을 그런대로 산 내가 놀랍다. 이사를 하면서 수없이 부르며 의논했다. '예나야, 이것은 여기 놓을까? 아니 저기가 더 낫겠지? 이것은 치울까?' 그의 체취가 내 주변 여기저기 짙게 배어 있다.

이제 동생과 나는 이별이라는 강을 사이에 두고 부를 수도, 잡을 수도 없는 다른 길을 가야 한다. 우리가 만날 수 있는 그 길은 먼 곳에 있는지, 가까이 있는지 묻고 싶다. 세상 구석구석 진한 추억을 심어주고 간 사랑하는 내 동생. 언젠가 부르면 꼭 달려가리라.

(2024. 07.)

노랑나비

 아파트 뒤편은 개미와 잠자리, 산새가 동행하는 숲길이다. 간혹 보이는 귀여운 청설모도 소중한 친구다. 오전에 수업이 있어서 집을 나서 걸어가고 있을 때였다. 언제부터 따라왔을까. 노랑나비 한 마리가 날아오더니 빙빙 돌다가 갔다. 조금 더 가는데 또 내 앞에서 나풀나풀하더니 이제는 가뭇없이 날아갔다. 순간 섬광이 스쳤다.
 '아! 너니? 너야? 데레사~!'
 가슴이 떨렸다. 내 어깨에 앉기를 바라며 팔을 벌려 보았지만 나비는 금방 어디로 갔는지 보이지 않았다. 기다려도 노랑나비는 오지 않았다.
 동생과 이별한 뒤, 그를 먼저 보낸 상실감을 감당키 힘들었다. 열심히 다니던 강의도, 건강 돌봄도 다 놓고 무기력증에 빠져들었다. 먹는 것도 힘들고 다니는 것도 힘에 부쳐 병원 가는 것도 미룬 상태로 두문불출했다.

그래도 세상은 잘 돌아갔다. 그와 매일 전화하고 만나고 웃고 떠드는 날이 없어도 시간은 바쁜 듯이 가고 있었다. 카톡도 전화번호도 그대로 있는데 어디에서도 동생의 모습은 찾을 수가 없었다. 그가 떠난 빈자리가 너무 커서 나도 곧 따라가고 싶은 충동을 자주 느꼈다.

어느 날 아침에 눈을 떴는데 큰 소리가 들려왔다.

'남편을 보내고도 살았는데 어서 일어나라.'

정신이 번쩍 들었다. 살아야 한다는 생각이 들었다. 그리고 이젠 이렇게 멀쩡히 살고 있다. 그뿐이랴? 보약을 먹고 열심히 운동하며 건강히 살려는 내 모습에 내심 놀란다.

동생이 떠난 지 일주기가 되었다. 나는 여기에 있고, 데레사는 보이지 않는 먼 곳에 있다. 늘어진 모습으로 살아간다면 안 될 것 같았다. 용기 있게 다시 일어나자고 마음먹으니 신기하게도 예전 모습으로 돌아갈 수 있었다. 새로운 삶의 기가 온몸으로 흘러 들어오는 것 같았다.

내가 사는 '숲속 마을' 아파트에 황톳길이 생겼다. 매일 맨발로 칠천 보 이상을 걷고 나면 상쾌한 기분이 된다. 혼자 걸으며 동생과 많은 대화도 한다. 내 생활의 근황이나 새로운 작품 이야기, 주변에 일어난 잡다한 일과 함께했던 '엄지회' 상황 등등…. 내 동생은 보이지 않아도 늘 나와 함께 있다.

오늘도 맨발로 황톳길을 걸으며 그녀를 떠올렸다. 그런데 어디서 왔는지 노랑나비 한 마리, 내 앞을 팔랑이며 날아가고 있었다. 어제 그 나비인가 싶어 한참을 보고 서 있었다.

(2023.11.)

하얀 빈자리

동생 예나를 보낸 지 2주기가 되어간다.

차디찬 볼에 내 뺨을 대고 오열하며 비볐던 그때, 부드러운 뺨의 감촉이 지금도 되살아나는데 시간은 참 빠르게 흘렀다. 이렇게 멀쩡히 살아 있다니 나의 슬픔은 거짓이었던가.

동생과 나는 유난히 친했다. 우리는 가톨릭 모태신앙 속에서 태어났고 같이 생활하며 자라났다. 같은 초중고교를 다녔고, 결혼하기 전까지 방도 같이 썼다. 직장도 같았다. 나는 결혼하여 첫아기를 낳을 때까지 직장 생활을 했다.

동생은 1984년에 소설가로 등단했다. 그 후 남편을 따라 외국에 나가 살았다. 한국으로 돌아오고 얼마 지나지 않아 건강이 나빠졌다. 온전한 병명조차 나오지 않았다. 몇 년이 지나서야 나온 정확한 병명을 듣고 모두 경악했다. 상상조차 해본 적 없는, 완치를 기대할 수 없는 희귀병이었다. 예순 초반에 시작된 시련이었다.

동생은 소설 쓰기에 매달리며 고통을 이겨내는 듯했다. 많은 상을 받았고, 써낸 작품집들은 '세종도서 우수도서'에 세 번이나 선정되었다. 동생은 틈틈이 나를 불러 함께하기를 원했다. 어느 날인가 가요를 배우고 싶다기에 같이 등록하고 배웠다. 노래로 답답한 가슴을 열고 싶었던가 보다. 노래 공부가 끝나면 점심을 먹고 복습하러 노래방엘 갔다. 동생은 글쓰기는 탁월했는데 음감은 좀 떨어져 정확한 노래가 안 되었다. 그래도 두어 시간쯤 연습하다 보면 잘 부를 수 있었다. 영화를 좋아한 우리는 시간을 짜 많은 영화를 보러 다녔고, 소소한 쇼핑을 즐기며 한 몸이다시피 살았다.

건강이 악화할수록 동생은 글쓰기에 더 매달렸다. 떨리

는 손가락을 붙잡아가며 자판을 두드렸다. 세상을 떠나기 삼사 년 전부터는 체력이 바닥으로 떨어져 한 시간만 작업해도 온몸이 땀으로 젖었다. 시력까지 흐릿해져 자판에서 글자를 찾기조차 어려워졌지만 최선을 다해 썼다.

  그가 세상에 남기고 간 책들은 내 서가를 지키며 매일 나를 부른다. 나에게 배어 있는 그의 향기가 날아갈까 봐, 조바심하며 그의 책을 조금씩 다시 읽고 있다.『어둠아 바람아』,『흰 소가 강을 건널 때』,『열일곱 살 매미』,『유실물 센터』,『내 생애 첫 휴가』들이다.『그냥 있다』는 언제나 내 손을 이끌어 그 속을 열어보게 한다. 책들을 펼쳐 들고 한 장 한 장 넘기다 보면 동생의 목소리가 들려오는 것만 같다. '언니. 나 지금 여기에 그냥 있어.' 그러면 나는 주저앉아 말을 건넨다. 근래에 있었던 일을 들려주며 의논도 한다. 그러다가 문득 정신이 들면 일어나 책이 꽂혀 있던 자리를 찾아간다. 그런 때 책이 빠져나온 하얀 빈자리를 보면 울컥해진다. 어느 쪽을 대고 불러야 그가 대답해 줄까.

(2024. 10.)

긴 하루

 바이러스가 인류를 멈춰 세웠다. 힘겨운 날들이 지나고 있다. 마스크 행렬이 이어지는 거리는 이제 익숙한 풍경이 되었다. 이 두려운 존재는 언제까지 인간을 담금질할 것인가. 사망자 속에 내가 포함될 수도 있다는 강박증이 몰려온다. 주변을 정리해야 할 것 같아 목록을 작성하여 벽에 붙여 놓고 나니 마음이 무겁다.

 코로나가 오기 전에는 행복한 일상이었다. 마음만 먹으면 많은 돈과 시간을 들이지 않고도 뭐든 배울 수 있었다. '나이는 숫자에 불과하다.'라는 말을 실감하며 자기를 키우는 생활을 이어왔다. 내 집은 언제나 열려 있어서 이웃과 친구, 자식들이 모여 함께 밥을 먹고 밤이 새도록 다과를 나누느라 와자했었다. 그런데 적막강산이 된 지 오래다. 먼지보다도 작은 바이러스가 온 세상을 공포에 떨게 한다. 갇힌 몸이 되었다. 사건이 터지고 첫 주간은 현관문을 한 번도 열지 않고 두려움에 떨며 살았다.

그동안 몇 번의 바이러스가 스쳐갔지만 큰 문제 없이 지났다. 이번엔 다르다. 공포의 도가니 속에서 모두를 활활 타게 한다. 만나야 살맛이 나는데 혼자되기를 요구한다. 식구들이 한 지붕 아래에 같이 있을 때는 어떤 두려움도 나눌 수 있었는데 나 홀로 이 어려움을 겪어야 한다니….

'코로나19'는 사람과 사람 사이를 고립시켜 놓았다. 모두를 외롭게 만든다. 자식들도 전화와 카톡, 영상으로 근황을 주고받을 뿐이다. 혼자 사는 노인들은 자손들이 보내주는 음식을 택배로 받으며 명을 이어가는 형국이다.

바이러스로 세계 경제가 엉망진창이 되기까지 불과 한 달밖에 걸리지 않았다. 30억 명 이상이 발이 묶인 것도 사상 초유의 사태다. 오래전 유럽이 흑사병으로 재난을 당했을 때도 이러했을까.

어느 밤, 텔레비전에서 이탈리아의 한 여성이 발코니에서 노래하는 모습을 보았다. 어둠 속으로 아름다운 노랫소리가 울리자 같은 아파트 집들의 발코니로 사람들이 하나둘 나와 목소리가 나는 곳을 향해 섰다. 내일 죽을지도 모른다는 두려움에 사로잡힌 사람들에게 그녀는 '카르페디엠(carpe diem)'으로 현재를 즐기자고 하는 것 같았다. 비록 고통의 시간이라 할지라도 우리 모두에게 다가오는 이 하루하루는 소중하다고, 함께 이 힘든 시간을 버텨내자고 하는 격려 같았다. 노래가 끝났을 때 천둥소리 같은 박수가 밤의 어둠 속으로 울려 퍼졌다. 숨죽여 화면을 지켜보던 나도 눈물을 흘리며 그녀의 노래에 박수를 보냈다.

코로나 앞에서는 큰 나라와 작은 나라도 평등하다. 코로나바이러스는 인간만 공격한다. 어쩌면 오만의 극치를 이어가고 있던 인간에게 울리는 경종인지도 모른다. 코로나가 진행되는 동안 다행스러운 일이라면 맑은 하늘이 보인다는 거다. 인간이 꼼짝을 하지 않고 있으니, 지구가 살아나고 있단다. 코로나는 자연과 인간은 공동 운명체이며 유기적 존재임을 일깨운다.

집 밖으로 나갈 수 없으니 모두 전화로나 외로움을 나눌 뿐이다. 통화를 끊을 때마다 빠지지 않고 하는 말이 생겼다.

"우리 언제 밥 한번 먹자."

그 한마디가 요즘처럼 간절한 때가 있었던가. 바이러스가 하루빨리 사라져 소소한 일상을 회복할 수 있는 날은 언제일까. 하루가 길기만 하다.

(2024. 07.)

고립 속에서 맺은 열매

 보름 전, 병원에서 두 번째 코로나 확진 판정을 받았다. 너무 무서워서 눈물이 찔끔 나왔다. 친정아버님의 말씀이 생각났다.

 '같은 말뚝에 두 번 넘어지는 실수는 안 된다.'

 가만 생각해 보니 이 일은 내가 잘못 관리해서 나온 결과인가 반문하고 싶었지만 이미 그들에게 포위당했다는 사실이 억울해서 화가 났다. 5일분 약과 영양제 주사를 맞고 집으로 오면서 꼭 건강을 되찾자고 다짐했다. 어찌 이렇게 아플 수가 있나 싶을 정도로 바이러스는 온 삭신을 공격했다. 열이 나면서 목이 아프고 팔다리는 만신창이가 된 듯 흐느적거렸다. 입은 써서 음식을 밀어냈고,

한마디도 할 수가 없었다.

2019년 봄날, 갑자기 지구의 종말이 올지도 모른다는 공포심이 엄습해 왔다. 한국전쟁 이후 가장 불안한 두려움이었다. 혼자 사는 작은 아파트가 별안간 한없이 넓어 보이고 여기저기에서 이상한 모습을 한 괴물들이 나를 향해 덤벼드는 것 같은 두려움에 온몸을 떨었다. 네 명의 자식들이 가까이 살지만 고도에 홀로 남겨진 것 같았다. 살아오는 동안 이렇게 혼자 사는 것이 무섭다고 느끼기는 처음이었다.

전 세계의 의료진에 초비상이 걸렸지만 생전 듣지도 보지도 못한 이상한 바이러스에 대적할 무기를 마련하지 못했다. 상점 문은 줄줄이 닫히고 생필품의 고갈로 미국 같은 큰 나라도 마트가 습격을 당하는 등, 아수라장이 되는 일이 빈번했다.

온 세상이 공포와 괴로움으로 헤맬 때, 난 큰 계획을 세웠다. 수필집을 엮기로 하고 차곡차곡 준비를 시작했다. 외출할 일이 없고 누구도 만나지 못할 때, 집에서 진득하니 할 수 있는 일은 바로 글을 쓰는 일이었다. 첫 수필집을 내고 6년 만의 열매, 고립 속에서 『내 걸음은 연둣빛』을 세상에 내놓았다.

뿌듯했다. 수많은 자료 속에 켜켜이 쌓여 있던 원고가 활자로 바뀌어 내 인생의 세 번째 책, 수필집으로는 두 번째 책이 세상에 나왔다. 그 무서운 전쟁 같은 시간 속에서 나의 보배로운 분신이 탄생했다. 매일, 몇십 부씩 수필집을 차에 싣고서 우체국으로 가 지인들에게 보냈다. 의외로 반응이 좋았다. 무서운 역병으로 일상적인 생활이 휴면 상태였지만 아름다운 손길들의 협조를 받아서 큰일을 해냈다. 그 뒤 코로나에 걸렸다.

누구를 부를 수도 없고, 나 혼자 스스로 돌보고 생활하고 병과 싸우는 군사가 되어야 했다. 만나지는 못했어도 다행히 많은 손길이 택배를 통하여 맛있는 음식과 필요한 것을 보내주어, 지내는 데는 별문제가 없었다.

책 발송은 혼자 해내야 했다. 큰딸은 독감으로 힘들고, 둘째 딸은 제주도에 있고, 큰아들은 산청에 있고, 막내아들네 식구들은 스페인에 가 있었다. 이레째 되는 날엔 집에서 비대면으로 두 시간 동안 영상 강의를 들었다. 그렇게 하고 나니 힘은 들었어도 마음이 훨씬 가벼워졌다.

  의사가 외출을 허락한 날, 조심스럽게 바깥나들이를 하고 돌아오니 다시 독감이 든 듯 며칠간 혼쭐이 났다. 왜 이리 눈에 보이지 않는 무서운 것들이 나를 노리는지…. 그래도 난 굽히지 않고 다음 계획을 세우리라 다짐한다. 더 멋진 열매로. 어쩌면 고립은 삶이 우리에게 주는 또 다른 형태의 선물인지도 모른다. 멈춰야만 보이는 것들, 혼자여야 들리는 목소리들. 그 안에서 나는 다시 나를 만났다.

(2024. 01.)

나팔꽃이 피었습니다

 꿈에도 예측할 수 없었던 초유의 사태가 가슴을 조였다. 이렇다 할 대책도 없이 나날이 공포 속을 떠돌았다. 어쩌다 영어囹圄의 몸이 되었을까. 현관 밖 세상은 낯설고 무서웠다. 코로나바이러스 앞에서 팔십 대의 노년은 더욱 움츠러들 수밖에 없었다.

 힘들게 살아온 지난날에 대한 보상 심리인가. 이제야 남은 날들을 알차게 살아보려나 싶었는데, 금쪽같은 일상이 저당 잡혔다. 속수무책으로 있을 수는 없었다. 생산적인 시간으로 이용해야겠다는 생각이 들었다.

 코로나가 준 '선물'은 자가격리였다. 그렇게 긴 방학은 처음이었다. 멍하니 시간을 흘려보낼 수는 없었다. 계획을 짜서 최소한 무료하지 않고 최대의 효과를 거두는 일을 찾아보기로 했다. 그동안 시간이 없어서 미뤄왔던 일들을 단계적으로 행동에 옮겼다.

책 정리를 시작했다. 며칠이 걸릴지, 어디서부터 손을 대야 할지 엄두가 나지 않았다. 먼저 위치 선정을 하고 오래된 잡지부터 골라내기 시작했다. 장르와 작가별로 정리하다 보니 그동안 내 작품이 실린 책과 잡지, 동인지가 꽤 많다는 것을 알았다. 일주일에 걸쳐 대충 끝내고 보니 빼낸 책이 이백여 권이나 됐다. 작은 서재는 이제야 숨을 쉬는 듯 편안해졌다.

다음은 잡동사니 정리였다. 왜 이것들을 모아두었는지 알 수 없는 것도 많았다. 잊고 있었던 보배로운 자료나 책을 찾는 행운도 있었다. 납작한 빨간 상자에서 엔화 5천 엔도 발견했다. 횡재를 만났다. 닷새 동안을 잡동사니에 묻혀 코를 박고 일하고 나니 몸살이 왔지만, 서재와 집이 훨씬 넓어져 우울했던 마음이 한층 상쾌해졌다. 근거리까지 와 서성이는 '코로나19'는 얼씬도 못 하고 물러

가겠지, 하는 기대로 공포에서 벗어날 수 있었다.

이번에는 화단 정리였다. 분갈이도 하고 작은 화분과 큰 화분을 합하여 30여 개를 추려냈다. 베란다 구석에 처박혀 있는 제라늄 작은 화분이 보였다. 팔을 뻗어 끄집어내어 양지쪽으로 옮겨 놔두고 아침마다 즐겁게 인사를 나눴다. 사람을 만날 수 없으니, 하루가 다 가도 전화가 없으면 입을 여는 일이 없는데 화초를 보고 있으면 어느새 수다쟁이가 된 나를 발견하곤 했다.

어젯밤 꿈 이야기를 들려주었다. "글쎄 소변이 그렇게 급하지 않았더라면 얼마나 좋았을까. 하늘은 파랗고 코스모스가 하늘하늘 춤을 추는 그 들길을 그 친구와 팔짱을 끼고 걸었을 텐데…. 아까워, 급해서 깨었지 뭐야." 그뿐인가. 오늘 된장찌개를 먹고 싶은데 너희 생각은 어떠냐고 물어볼 때도 있었다. 오늘 해야 할 일을 메모하면서도 꽃들과 자분자분 의논했다.

며칠 화초와 눈맞춤이 소홀했던 어느 날 아침이었다. 양지쪽에 놓아두었던 화분에 어디서 날아왔는지 나팔꽃이파리 세 잎이 나와 있었다. 반갑고 신기해서 화분을 가슴에 안았다. 연둣빛의 어린 새싹이 신기했다. 어디서 왔니? 누가 보냈니? 귀한 선물에 수없는 감사를 하며 '잘 키워야지' 하고 다짐했다. 줄기가 잘 올라갈 수 있는 곳으로 옮겨 주었더니 가냘픈 줄기가 매어준 줄을 타고 잘도 자랐다.

태풍 '바비'로 엄청난 비가 쏟아졌던 다음 날이었다. 아주 가냘픈 하늘색 나팔꽃 한 송이가 피어났다. 가슴이 뛰었다. 들에 나가면 얼마든지 볼 수 있는 꽃이지만 축제가 벌어질 것 같은 설렘이 왔다. 매일 아침, 두세 개의 꽃송이가 이어서 피었다. 꽃이 피어날 때마다 대화로 표정으로 많은 교감을 했다. 그런데 너무 생명력이 짧아 안타까웠다.

나의 나팔꽃은 보통의 꽃보다 연약하고 작았다. 줄기는 가늘어서 바람에도 흔들렸고, 잎은 손톱만 했다. 씨앗 자체가 그런 종자였을까. 아니면 내가 키우는 솜씨가 부족한 걸까. 무엇을 주면 튼튼해질지 궁리했다. 답을 찾을 수 없어 고민하던 중, 문득 내가 마시는 홍삼액이 떠올랐다. 사람에게 좋다면 식물에게도 해가 되지는 않겠지. 물에 몇 방울 타서 조심스럽게 부어주었다. 한 번, 두 번, 서너 번. 나팔꽃은 처음에 더 처지는 것 같았다. 잎이 축 늘어지고 줄기가 고개를 숙였다. 겁이 났다. 내가 괜한 짓을 한 건 아닐까. 그런데 사흘째 되던 날 줄기가 곧게 서고 잎도 펴지기 시작했다. 나흘째는 새잎이 돋았다. 모양새를 갖춰가는 게 눈에 보였다. 나는 매일 아침 화분 앞에 쪼그리고 앉아 나팔꽃을 들여다보았다. 검푸른 잎 사이로 큰 나팔꽃이 피어나기를, 그 꽃이 아침 햇살을 받아 반짝이기를 고대했다.

먼저 피었던 꽃들이 동그란 씨앗을 안고 있었다. 얼마나 신비롭고 대견스러운가. 나는 문득 나팔꽃에 물어보고 싶었다. 나의 세 번째 수필집 출판을 준비해도 될까? 하늘빛 나팔꽃은 잔잔한 미소로 고개를 끄덕이는 것 같았다.

(2022. 09.)

4부

기적 소리

나의 친구, 나의 스승 이현복 교수님

인연

노래 속의 삶

내 안의 정원

혼자 떠나는 여행

왜목마을 노천카페

나는 우산이 없어요

작품 낭독

기적 소리

10여 년 넘도록 내 몸을 혹사한 것을 후회했다. 이제라도 멈추어 나를 리모델링하기로 했다. 많은 어려움이 있겠지만 여태껏 참아왔던 그 힘으로 용기를 내어 남은 인생을 새롭게 꾸미고 싶었다. 주변에 결심을 알렸을 때는 그 나이에 생을 마감하는 사람도 많은데, 그저 참고 살다가 때가 오면 가면 되는데…, 하는 소리가 들려오는 듯도 해서 조금 부끄럽기도 했다.

나는 병을 고쳐 내 생을 더 사랑하고, 식구에게 평안을 주며 살고 싶었다. 2개월 걸리는 검사를 받아 문제가 없으면 수술을 받을 수 있었다. 막상 결심하려니 걱정이 앞섰다. 검사와 진료를 반복하는 동안 수술과 비수술 사이에서 갈등을 반복했다. 위험을 무릅쓰고 수술을 결심하고도 옳은 결정인지 확신할 수 없었다.

고심을 거듭한 끝에 수술 날짜까지 잡았지만 중요한 관문이 남아 있었다. 코로나 PCR 검사를 받아서 수술 전날이나 당일까지 음성 판정이 나와야 했다. 양성이 나오면 두 달 동안 받은 모든 검사는 무효가 되어 수술을 받지 못하는 상황이었다. 밤잠을 설치며 가슴을 조였다. 입원 당일 아침에 고대하던 전화 통보가 왔다.

수술할 자격을 얻은 것만으로도 용기가 났다. 4남매의 대학 입학시험을 치르면서 합격 통보를 받았던 기쁨을 다시 맛보는 기분이었다. 지금껏 맞았던 수많은 주사…, 그 끔찍한 주사를 맞으면서도 사흘돌이로 아파 생을 포기하고 싶은 충동이 연속적으로 일어나곤 했던 기억이 사라지는 듯했다. 여행을 갈 때마다 일행에게 폐가 될까 봐, 갖은 준비를 하여 따라갔다가도 돌아와서는 번번이 절절매는 고통을 겪어야 했다. 이제 남은 카드는 하나. 수술뿐이었다.

수술대에 몸을 누인 순간, 큰 벽시계가 눈에 들어왔다. 오후 5시 10분. 의사의 음성이 가물거리며 들려왔다.

"환자분 이름이 뭐예요?"

"김, 현, ….'"

대답이 끝나기도 전에 어딘지 모르는 무의식 세계로 빠져들었다. 운무 속을 끝없이 날아다니는 느낌이었다. 눈을 뜨고 보니 낯선 곳이었다. 6시간이 지났다는 것을 안 순간, 귀에 익은 소리가 공명이 되어 울렸다.

"엄마, 저 아시겠어요?"

눈앞에 아들의 얼굴이 있었다. 나도 모르게 고개가 끄덕여졌다. 또 다른 낯선 음성이 뒤미처 따라왔다.

"일어나 보세요."

어리둥절했다. 수술 후 이제 간신히 정신이 들었는데 일어나라고? 그런데 반사적으로 몸을 일으키고 있었다. 이거 나 맞아? 싶은데 아까의 그 음성이 다시 또렷이 들려왔다.

"걸어 보세요!"

곁에 있던 간호사가 걸을 때 의지하는 U자형 도구를 내밀었다. 아들과 간병인의 눈빛에 두려움이 가득했다. 나도 혼란스러웠지만 발을 뗐다. 한 발 두 발…. 약간 뼈근한 느낌뿐, 고통이라고는 느껴지지 않았다. 그들이 보는 앞에서 나는 걸어가고 있었다. 가슴이 벅차고 뜨거운 눈물이 흘렀다.

기적, 기적이었다! 내 몸이 말하는 소리가 들려오는 듯했다. '현순아, 이건 꿈이 아니지?' 아들의 눈에도 눈물이 보였다. 의사 앞으로 가서 깊게 절을 했다. 나흘 뒤 퇴원하여 작은딸네로 가서 지내다가 보름 만에 내 집으로 왔다. 아픈 다리로 인해 몇 년 동안 힘들었던 고통은 오래전 일인 듯 기억 속에서 멀어져갔다.

문학계의 거장인 이어령 박사가 89세로 별세했다는 비보가 온 세상에 알려졌을 때였다. 석학인 그분도 모든 것을 놓고 멀리 가셨는데, 나는 그분 연세를 살아보려고 엄청난 수술을 하고 안간힘을 썼으니 계면쩍었다. 보너스처럼 연장된 삶을 어떻게 써야 할지, 내가 가진 재능은 무엇인지 골똘히 생각하게 됐다.

건강을 찾아서 가족과 이웃에게 짐이 되지 않고 살아갈 수 있다면 그것으로 보람일 것 같았다. 나에게 생명을 되돌려준 하얀 가운의 의사처럼 나도 미약하게나마 사람의 마음에 작은 울림을 전하는 글을 쓸 수만 있다면 더 바랄 게 없겠다.

외출했던 내 건강이 돌아오는 소리가 들려오는 것 같았다.

(2023. 09.)

나의 친구, 나의 스승 이현복 교수님

여명의 시간이 아직 먼 새벽, 전화벨이 울렸다. 불길한 예감이 스쳤다.

그분이 떠나셨단다. 어느 정도 예상한 일이었지만 가슴이 무너지는 아픔이 왔다. 고등학교 동기동창이고, 60여 년을 같은 인생 울타리 안에서 살아온 나의 스승 이현복 교수님. 어눌해진 최근의 모습이 어른거렸다. 성모상 앞에 앉아 많이 울었다.

2023년 11월, '선농 문학회' 회원들과 교수님과 사모님, 따님이 한자리에 모여 식사를 했다. 우리가 대접하려는 마음을 끝까지 마다하시고, 교수님이 베푸신 그 점심이 마지막일 줄이야.

2007년 5월, 서울대학교 사대부고 10회 졸업 50주년 기념으로 50명이 캐나다 여행을 했다. 그 여정을 담아 『졸업 50주년 기념 문집』을 냈다. 이현복 교수님이 주간을 맡고, 나를 비롯한 6명이 편집위원이 되어 316페이지 양장본으로 발간한 책이었다.

그 후 교수님이 수필 공부를 권했다. 어려서부터 로망으로 생각해 오던 일이었지만 너무 늦은 나이라 손사래를 치며 사양했다. 그 나이에 글을 쓰다니, 다른 사람이라도 그랬을 거다. 1997년 다니던 직장에서 여성 성공학 『당신은, 꿈만큼 성공할 수 있다』라는 책을 내고 독자들 호응을 많이 받은 경험이 있었지만 문학적인 글쓰기는 자신이 없었다.

두어 달이 지난 어느 날, 교수님에게서 또 연락이 왔다. 짧아도 좋으니 수필 3편을 써서 꼭 보내라는 말씀이었다. 그마저도 사양할 수 없어, 평소 몇 편 써두었던 글 중에서 세 편을 보냈다. 무언가 짚이는 데가 있었다. 등단을 권하려는 의도인가 싶었다. 그리고 며칠 후 연락이 왔다. 예상대로였다. 몹시 불편해하는 나를 교수님은 끈질기게 설득했다.

2008년에 계간지 『수필춘추』를 통해 문단에 이름 석 자를 내놓았다. 기왕 시작했으니 열심히 하려고 했다. 교수님 제자로 공부하는 동안 수필집 두 권을 냈다. 상복까지 겹쳐 크고 작은 상까지 타게 되었으니 감사한 마음을 다 헤아릴 수조차 없다.

교수님은 강의 도중에 쉬거나 앉은 적이라곤 없었다. 언제나 꼿꼿이 선 채로였다. 어디서도 볼 수 없는 귀한 자료를 담은 강의안을 나눠주시며 해박한 지식과 풍부한 유머로 글쓰기를 이끌어주셨다. 명절이나 스승의날, 작은 성의라도 드릴라치면 그날은 수필 교실의 잔칫날이 되었다. 어느 비 오던 날, 갑자기 내린 비를 보시고는 얼른 편의점으로 들어가 회원 수대로 우산을 사서 들고나오시던, 마음이 따뜻한 분이었다.

교수님은 이제 '4·19 탑'에 잠들어 계신다. 하늘 높고 산 깊고 공기 맑아 온갖 꽃 피고, 금붕어 뛰노는 천하의 단풍골이다. 참으로 아름다운 곳에 새집을 마련하셨다. 국가를 위해 살다 간 영혼들이 함께하는 곳이어서 마음이 놓인다. 그곳은 학업을 다 마치지 못한 젊은이들도 잠들어 있다. 교수님의 성품으로는 밤마다 과외수업으로 그 영혼들을 불러 학문을 이어가시지 않을까 하는 엉뚱한 생각을 해본다.

  오늘 밤엔 하늘을 우러러 교수님을 불러본다.

  "교수님, 저와 같이 선생님의 은덕을 입은 수많은 문학도가 이 땅에서 열심히 활동하고 있습니다. 선생님께서 길러내신 수필가만 100여 명이라는 이야기를 들었습니다. 어머니는 저를 낳으셨고, 교수님은 저를 수필가로 만드셨습니다.

  당신은 제 최고의 친구였고, 스승이셨습니다."

(2024. 04.)

인연

 과천역 7번 출구로 나오니 아치를 이룬 나무들이 저마다 가을옷을 차려입고서 방긋 웃고 있었다. 처음 과천에 온 나를 반기는 듯해 고마웠다.

 칠십여 년을 대가족 속에서 살다가 나만을 위한 삶의 장으로 옮겼다. 이사 올 집을 둘러보니 세상에서 가장 아담한 아파트처럼 느껴졌다. 주변 경치도, 베란다 밖 울창한 나무숲도 마음에 들었다.

 전입신고를 하고, 과천 시민이 되었다. 과천에서 아는 사람이라야 내가 '과천 언니'라고 부르는 한 분뿐이었다. 그 '언니'는 내 친언니의 친구다. 친언니는 하늘나라로 가고 없지만 나는 그 언니를 나의 친언니로 의지하고 살아왔다. 내가 과천으로 이사할 수 있었던 것도, 그 언니 덕분이었다.

　방랑자처럼 두렵고 설렜다. 이삿짐을 옮기고 청소를 끝낸 다음 날, 언니를 찾아가 과천을 공부했다. 맨 먼저 과천성당을 찾아가 교우가 되었다. 다음엔 시청으로 갔다. 문인협회를 찾아 개설된 강좌를 알아보았다. 알맞은 과목을 발견하고 전화번호를 받아 운 좋게 수필 선생님과 직접 통화를 했다. 마침, 다음 날이 강의 날이라 바로 강좌를 신청하고 나니 새로운 인연의 싹이 트는 듯했다. 나 홀로라는 두려움에서 완전히 벗어날 수 있었던 건 늦은 나이에도 상당한 속도감으로 새 삶을 일군 덕분이었다.

　맞벌이 부부인 큰아들네와 14년을 살다가 내린 결정이었다. 태어나서부터 하는 짓마다 나를 행복하게 만들던 손녀가 중2가 되었을 때, 나는 혼자 사는 낭만을 그려보았다. 나의 도움 없어도 모든 자손이 스스로 꾸려 갈 수 있다는 사실이 용기가 되었다. 혼자 살아가야 한다는 두려움이 나를 조금 주춤거리게 했지만 더 늦기 전에 현실에 옮겨보기로 했다. 집이 팔려 우선 아들네를 내보냈다. 손때 묻은 많은 살림살이는 탈북자에게 보냈다. 홀가분한 몸과 마음으로 과천으로 왔다. 손녀가 어렸을 때 같이 했던 소꿉놀이를 나 홀로 시작하는 느낌이었다.

수필 강의를 들으며 선생님과 문우와의 정을 엮어갈 수 있었고, 성당 교우들과도 신실한 마음을 나눌 수 있어서 좋았다. 좋아하는 노래도 계속할 수 있었다. 성당에서 성가대 활동을 하고, 과천 시니어합창단원으로 입단하니 감사의 연속이었다.

그전에 살던 곳에서 멀리 떠나와 새 둥지를 틀어 안식처를 만든 것은 신의 한 수였다. 떠나올 때는 남은 생을 조용히 보내며 삶을 정리하려고 했다. 그러나 의지와는 달리 점점 분주해졌다. 그럴수록 나의 행복 지수는 높아갔다.

과천 입성 3년 만인 2014년에 첫 수필집 『나목의 길』을 출간했다. 만감이 교차했다. 열정적인 지도 선생님을 만났고, 좋은 문우들이 많은 힘을 주었다. 그리고 첫 책을 내고 6년 후인 2020년에는 두 번째 수필집인 『내 걸음은 연둣빛』을 출간하여 분에 넘치는 갈채를 받았다.

과천은 서울처럼 너무 거대하지 않아서 좋다. 노년을 맞는 나에게 과천은 안성맞춤이다. 배우고 싶은 것을 배울 수 있고, 가고 싶은 곳으로 갈 수 있고, 보고 싶은 것을 볼 수 있으니 감사할 뿐이다. 시간이 흐르면서 만남은 더 늘어나 귀한 인연으로 얽힌다. 그렇게 살다 보니 과천에서는 내가 발 디디고 선 모든 자리가 다 나의 무대가 되었다. 연습도 각본도 없이 펼쳐진 무대에서 함께 춤을 추고 연극을 하고 노래 부른다. 이 얼마나 놀라운 얽힘인가. 팬데믹 속에서 맞는 두 번째 가을이지만 또 거뜬히 이겨 낼 수 있을 거다.

9월엔 좋은 일이 즐비하게 기다리고 있다. 2일은 큰아들 생일, 4일은 둘째 손주 장가가는 날, 8일은 내 생일, 21일은 다섯째 손녀 생일, 27일은 88세인 나의 '과천 언니'가 미수 생신을 맞는다.

즐겁다. 인생도, 인연도….

(2023. 11.)

노래 속의 삶

새벽 6시 미사에 갔다. 사무실 앞 게시판에 광고가 붙어 있었다. 무심코 보다가 하마터면 소리를 지를 뻔했다. 다시 읽었다. 가슴이 뛰었다. 사무실 문을 열고 들어가 떨리는 목소리로 물었다.

"사무장님, 저 같은 나이도 되나요?"

"뭐요? 아, 저 성가대 모집요? 되지요. 옛날에 성가대를 하셨어요?"

"네! 오래 했죠. 지금은 '강남 시니어합창단 단원'이고요."

2011년에 과천 1단지로 이사와 과천성당의 '주일 새벽 성가대'에 첫 등록자가 되었다. 새벽 성가대가 있는 성당은 많지 않다. 주일미사 중에 가장 큰 교중미사가 대개 11시에 있고, 가장 큰 성가대가 교중미사 때 성가를 부른다. 교우들은 성가대가 별도로 준비한 성가를 빼고는 같이 따라 부른다.

새벽 성가대 모집 날짜가 다 차서 보니 희망자가 20여 명이었다. 오디션을 거쳐 파트가 정해졌다. 나는 소프라노였다. 지휘자와 피아노 반주자와 함께 성가대 구성을 빠르게 마쳤다. 매주 금요일 저녁 6시에 모여서 성가를 연습했다. 성가를 부르고, 단원들끼리 만나 우정과 인간애를 쌓는 행복한 시간이 이어졌다. 지휘자와 피아노 반주자 그리고 각 파트의 실력과 조직력도 점점 탄탄해졌다.

주일 아침, 새벽 미사 시작 전에 모여 30분 동안 다시 한번 순서대로 성가를 연습한 뒤에 단복을 입고 성전으로 내려가 성가대에 서면 눈물이 나도록 감사했다. 70세 후반 나이에 성가대에 끼어 성가로 주님을 찬양하고 기도할 수 있어서 최고의 영광이었다. 때로는 솔로를 맡기도 했고, 성탄절이나 부활절에는 공연을 한 적도 있었다. 늙은 내가 어울려 활동할 수 있다는 것만으로 특전이고, 인생의 기막힌 보너스였다.

어릴 때부터 노래 부르기를 좋아했던 나는 한국전쟁 전인 초등학교 3학년 때, 처음으로 학교 합창단에 뽑혔다. 우리 학교는 전국에서 학생 수가 다섯째 안에 드는 학교였는데 총 단원을 200명 정도 뽑아서 평가를 거듭한 끝에 정회원을 80명 뽑았다. 나는 그 안에 끼었다. 학교를 대표하여 합창대회에 나가서 여러 번 우승도 했다.

13살 무렵에는 가족이 다니던 성당에서 아동 성가대 단원으로 활동했다. 결혼하고 육아와 직장 생활을 겸하느라 단체활동을 하기 힘들었을 때도 노래와 멀어지지 않으려고 노력했다.

지금도 나는 노래를 사랑한다. 특히 성가를 좋아해서 성당에 가면 미사 시간 내내 환희로 찬다. 고등학교 모교

합창단과 강남 시니어합창단, 과천 시니어합창단에서도 활동했는데 과천 시니어합창단에서는 경연대회를 많이 나가서 공연복이 이럭저럭 꽤 많다.

나이가 들어 차를 없애고 보니, 이동 거리가 멀어서 강남 시니어합창단과 동문합창단에서는 탈퇴했다. 과천 시니어합창단 활동만 이어오다가 아주 끝을 냈다. 단 하나 남은 것이 새벽 성가대였다.

'코로나19'가 기승을 부렸다. 공포가 엄습했다. 좀 지나 다소 수그러졌을 때, 어느 방송국에서 한국 트로트 경연대회가 생겼다. 남성, 여성 트로트 가수를 배출하는 그 프로그램은 나를 코로나의 공포에서 멀어지게 했다. 경연에 참여하는 가수들 덕분에 그 시간을 기대하며 기다리게 되었다. 트로트로 두려움을 견디는 동안 다행히 코로나는 진정되었다.

1단지 아파트에서 5년을 사는 동안 재건축으로 모두 이사를 나가는 바람에 나도 같은 과천 4단지로 이사를 했다. 그곳에서 7년을 사는 동안 또다시 재건축으로 이사를 해야 하는 처지가 되었다. 성당에서 지하철 한 정거장 거리에 있는 집을 구해 이사를 했다. 하지만 교통이 좀 불편했다. 더구나 허리 협착으로 큰 수술을 한 후라 새벽 성가대는 무리였다. 매주 새벽 5시에는 집에서 출발해야 하는데, 힘들었다. 12년 이상 행복했는데, 단원들과 헤어지려니 너무 아쉬웠다.

새로 옮긴 성당에서는 거의 교중미사만 간다. 그래도 미사 시간 동안 성가를 많이 부를 수 있어서 좋다. 조심스럽게 성가대를 따라 부르며 받는 은총을 폐부로 느낀다. 나이는 저절로 들어가지만 음악을 사랑하고 좋아하는 마음은 변함이 없고 오히려 더 심취되는 것 같다. 주님의 나라는 어디인지 몰라도 성가 속에서 한 걸음 한 걸음씩 다가가고 있는 거겠지, 생각한다.

노래는 마음의 문을 열어준다. 성가도, 대중가요도, 가곡도, 오페라 아리아도. 모든 노래는 따뜻하고 정겹다. 친구 같고 애인 같다. 노래 속에 있으면 외롭지도 않고 슬픔도 없고 행복하다. 혼자 살면서도 노래를 사랑하며 노년을 즐길 수 있는 유전자를 주신 신과 부모님께 감사하다.

언젠가 이승을 떠나는 날, 조용하면서도 장엄한 레퀴엠이 들린다면, 고요한 미소 속에서 감사하며 떠나리라.

(2025. 07.)

내 안의 정원

새벽 5시, 깜깜한 어둠이 깔려 있다.

6층 우리 집 베란다에서 보면 까만 바다를 보고 있는 것 같다. 아무도 없는 이 시간의 정원은 나의 '고해소'다.

여기저기에 켜져 있던 가로등은 여섯 시면 꺼진다. 어둠에 잠겨 있던 만물은 저마다의 색으로 여명 속에 큰 너울을 일며 요동친다.

사계가 뚜렷한 숲이다. 봄에 하얀 목련이 흐드러지게 피어나면 개나리와 벚꽃, 라일락꽃이 뒤질세라 봉오리를 연다. 5월의 장미도 한몫 끼면 절정을 이룬다. 6월에 들어서면 연둣빛 잎들은 점점 짙은 색으로 변하여 초록 물결이 넘실댄다.

나는 6월의 신록을 사랑한다. 아침에 눈을 떠 창문을 열면 초록 바다가 기지개를 켠다. 새들의 지저귐이 시작된다. 아침 기도를 마치고 다시 베란다에 서서 오늘 할 일을 계획할 때도 있고, 멍하니 울창한 나무를 바라보며 시간을 보내기도 한다. 눈을 멀리하여 시야가 닿는 관악산까지 한참을 보고 나면 마음이 차분해지고 눈이 맑아진다. 나는 이 작은 숲이 내뿜는 진한 숲 내음을 좋아한다.

비가 내리는 날이면 베란다 아래로 도란도란 사람 소리가 들려온다. 내려다보면 알록달록한 우산이 잔잔한 물결을 이룬다. 사람은 안 보이지만 말소리가 허공을 타고 올라온다. 높고 낮은 소리, 초등학생들이 왁자지껄 떠들며 오가는 소리가 바람과 함께 커졌다 사라지며 자유롭게 날아다닌다.

진초록의 나무 정수리에 연둣빛 줄기가 많이 보인다. 얼추 보아 50~60cm 이상은 되는 듯하다. 올해 여름 동안 자라난 새순 줄기들이다. 7년 전, 이사 올 때와 비교하면 나무들은 엄청나게 자라 울창해졌다. 베란다 바로 아래에 키 큰 나무 한 그루가 서 있다. 나무는 가끔 똑! 똑! 베란다 문을 두드릴 때가 있다. 그러면 나는 창문을 열고 막 돋아난 잎을 잡고 속삭인다.

"너 멋져."

비가 내리면 푸른 나무들은 천둥과 번개, 소낙비 속에서도 꿋꿋하게 이겨 낼 테다. 자기를 지켜 더 의젓한 나무가 될 것이다. 나에게도 간간이 장마가 찾아오겠지. 그런 날엔 저 나무들처럼 생기를 잃지 않고 씩씩하게 버텨내리라.

입추가 지나면 나무들은 서서히 옷을 갈아입을 준비를 한다. 얼마나 화려한 빛으로 변할까. 노란색으로, 주황색으로 타는 듯한 붉은색으로. 가장 아름다운 향연을 베풀며 유혹하리라. 황홀하게 아름답던 천지엔 다시 낙엽이 쌓이고 쓸쓸한 바람으로 옷깃을 올리는 계절이 올 거다. 나도 그때가 되면 가을의 여인으로 한껏 멋을 내고 싶다.

겨울이 다가오면 앙상한 나뭇가지에 하얀 눈이 소복소복 쌓이겠지. 그런 날엔 눈길을 걸어보고 싶다. 한참을 걷다 지치면 양지바른 벤치에 앉아 눈이 부시게 태양 빛을 안아도 좋겠다. 따뜻한 볕 안에서 한참 잊었던 남편의 체취를 느낄 수도 있을 테지.

이 집에서 긴 세월을 살아왔지만 요즘처럼 아파트 안에서 자연을 발견하고 즐기기는 처음이다. 역병의 시간 동안 집에 오래 머물게 되면서 얻은 변화다. 저녁 시간은 또 얼마나 좋은가. 어느 바닷가 마을에서나 바라볼 석양의 전경을 거실에 앉아서 누리는 것은 큰 축복이다.

집 안에서 사계절을 두루 여행했다. 바람이 불기 시작한다. 큰 나무들, 작은 나무들이 춤을 춘다. 나무들의 춤사위 속으로 비발디의「여름」이 흐르고, 온몸에서 열정이 솟아난다. 내 안의 세포들이 생명력을 안고 터지는 소리.

아! 환희다.

(2024. 07.)

혼자 떠나는 여행

 나른한 여름날 오후였다. 책장을 둘러보다가 사라 밴 브레스낙의 『혼자 사는 즐거움』을 발견하고 쑥 빼 들었다. 서두에서부터 빠져들고 말았다.

 "인생은 결국 혼자 떠나는 여행이다. 누구를 위해서 살기보다는 누구도 대신할 수 없는 자신의 삶을 찾을 수 있어야 한다. 내 인생의 주인공은 오직 나만이 될 수 있기 때문이다."

 책의 제목에서 말하는 '혼자 살기'는 독신으로 산다는 의미가 아니다. 이 책은 더불어 살아가는 삶 속에서 자신만의 즐거움과 아름다움을 추구하며 살기 위해서는 어떻게 해야 하는지에 대한 메시지를 담고 있다.

책에 코를 박다시피 하며 읽어나갔다. 글자 외는 아무 것도 보이지 않았다. 아무런 소리도 들려오지 않는 상태로 책에 몰입되었다. 갑자기 호흡에 이상을 느꼈을 때 거실을 둘러보니 연기와 함께 타는 냄새가 진동했다. 그제야 가스레인지 위에 올려놓은 찌개 냄비가 생각났다. 한달음에 뛰어가니 냄비 속이 재로 변해 있었다. 몇 달 전, 막내딸에게서 선물로 받은 자루 달린 예쁜 냄비를 태우고 말았다. 아끼던 냄비여서 우울해졌다. 나의 불찰로 그리되었으니, 냄비에도 미안했다. 새까맣게 탄 냄비를 하얀 한지에 싸서 버리며 세월 속에서 자꾸만 변해 가는 내 모습도 같이 버려졌으면 했다.

 나 혼자 사는 시간이 15년 넘었다. 이제는 홀로 보내는 생활이 편안하다. 누구를 책임지고 누구를 챙겨야 하는 의무에서 자유스러워졌다는 사실만으로도 행복하다.

 인간은 어디까지 자기를 지킬 수 있을까. 적어도 나는 나를 지킬 수 있다는 자신감으로 지금껏 홀로서기를 즐겁게 해 왔다. 충실하게 살아 자식에게도 폐 끼치지 않고 이웃에게도 친절한 나로 처신하려고 노력하면서 그런대로 잘 살아왔다. 하지만 세월은 언제부턴가 나를 남겨두고서 저 혼자 빠르게 달려간다. 되도록 단순하게 살려는 내 의지를 뛰어넘어 복잡하게 만들고 급기야는 곤궁에 빠트리기도 한다.

며칠간은 만사가 귀찮고, 나 자신에게 화가 났다. 왜 차츰 '다른 나'가 되어 가는가. 오랜 세월 지켜온 나를 이해하기로 마음을 다독이려 했지만 쉽게 되지 않았다. 그렇게 며칠이 지났다. 무거운 날을 보내던 어느 날, 잡기장을 펼치다가 오래전에 읽고 써 두었던 시 한 편을 발견했다.

불지 않으면 바람이 아니고
늙지 않으면 사람이 아니고
가지 않으면
세월이 아니지

– 이채, 「중년의 가슴에 7월이 오면」에서

시가 걱정하지 말라고 다독였다. 넘어지고 깨어지면 다시 털고 일어나 같은 실수 되풀이하지 않고 살아가면 되는 거라고 위로했다. 슬픈 생각으로 나를 처지게 할 필요는 없겠다 싶었다.

다시 나와 함께 혼자 잘 살아보련다.

(2024. 08.)

왜목마을 노천카페

 '당진 봄 문학기행'은 처음부터 내게 많은 설렘을 안겨주었다. 코로나로 삼 년이라는 세월 후에 이루어진 행사이기도 하지만, 앞으로 이 멋진 봄나들이를 몇 번이나 마음 놓고 할 수 있을지 알지 못하니 참으로 귀한 기회로 여겨졌다. 가톨릭 신자인 나는 '서산 해미 읍성'과 '솔뫼 성지'를 서너 번 찾은 적은 있지만 이번만큼 벅찬 울림을 안고 온 적은 없었다.

 충남의 땅끝마을, 당진의 아주 작은 포구 '왜목마을'에 도착했다. 주민이래야 25명이 사는 아주 작은 마을이다. 일출과 일몰, 월출을 한곳에서 볼 수 있는 유일한 장소로 알려져 있다. 해안이 동쪽을 향해 돌출되어 있고, 인근의 남양만과 아산만이 내륙으로 깊숙이 자리를 잡고 있는데 왜가리의 목처럼 불쑥 튀어나온 모습으로 보인다고 해서 왜목마을이라 한다.

그곳의 일출은 한순간 바다를 가로지르는 짙은 황톳빛의 물기둥이 만들어져 소박하면서도 서정적인 분위기를 자아낸다. 일몰은 대난지도와 소난지도 사이의 비경도를 중심으로 이루어지는데, 활활 타오르던 태양이 바다와 하늘을 검게 물들이면서 바닷속 깊이 잠겨버리는 장관을 연출한다.

회원들과 시 낭송을 하며 나눔의 시간을 갖기로 했다. 맛있는 음식이 차려지고 푸른 바다를 배경으로 멋진 무대가 마련되었다. 바다에는 아름다운 요트들이 떠 있었다. 왜가리들이 냄새를 맡고 큰 날개로 달려와 음식을 주는 대로 받아먹는가 싶더니 어느 사이 그들의 잔치인 듯 야단법석이었다.

코발트 빛의 잔잔한 바다는 약간 서늘하게 느껴졌지

만, 그래서 정신이 맑아지는 듯했다. 삼삼오오 팀이 되어 신명나는 파티가 벌어졌다. 기타를 둘러멘 문우의 멋진 연주로 노래가 시작되었고, 하모니카는 떼창을 이끌어 흥을 돋우었다. 시 낭송으로 분위기는 더 고조되었다. 흥이 많은 민족답게 회원 전체가 일체감으로 똘똘 뭉친 모습이었다.

일몰을 보며 더 놀고 싶었지만 길이 멀어 귀경버스에 올랐다. 버스 속에서도 파티는 계속됐다. 하루를 돌아보며 한 사람씩 느낌을 말하기로 했다. 내 차례가 왔다. 갑자기 '노래해, 노래해.'라고 내 뇌리에서 지시가 내렸다. 최신식 앰프 시설을 갖춘 버스가 나의 마음을 움직였는지도 모른다. 큰 추억을 남기라는 꼬심이었는지도 모른다. 암튼 난 대단한 결심으로 신청곡을 청했다.

박정식의 「유리꽃」을 부를 때는 얼마 전에 내 곁을 떠난 사랑하는 동생이 잔잔한 미소를 머금고 쳐다보는 실루엣을 보았다. 언제나 내가 노래할 때면 하던 버릇대로…. 박수가 쏟아지고 앙코르 소리가 들리면서 온전한 나로 돌아오자 방금 본 동생의 실루엣은 가뭇없었다. 아쉬웠다. 처음으로 '과천 문인협회' 행사 중에 노래를 불러서 혹시 우셋거리가 되었으면 어쩌지, 하는 계면쩍은 마음이 일었지만 꼭 감추고 싶었다.

인구 25명의 왜목마을, 서해안에 포근히 안긴 아름다운 포구는 내 가슴에 깊게 남아 다시 가고 싶은 꿈을 심어주었다. 언젠가 다시 그곳을 찾아 웅장한 일출과 눈부신 일몰을 보고 싶다. 아름다운 바다의 윤슬을 보며 해변을 걸어도 보고 싶다.

(2023. 05.)

나는 우산이 없어요

요즈음, '과천 언니'가 자꾸 내 마음을 아프게 한다. '언니~' 하고 부를 수 있는 분이 곁에 있다는 게 얼마나 큰 행복인지, 언니는 아마 모르나 보다.

매사에 사리가 분명하고, 남에게 불편을 주지 않으려 애쓰던 언니였다. 그런 언니가 조금씩 달라지고 있다. 시도 때도 없이 걸려 오는 전화 공세는 막을 길이 없다. 전화를 받으면 언니는 속사포처럼 쏘아붙인다.

"너 왜 나를 이렇게 기다리게 하니?"

"너, 어디 아프니?"

"왜 온다고 하고는 안 오니?"

그런 언니의 모습이 낯설다. 간다고 하고 안 간 일도

없고, 기다리게 한 적도 없는데 그런 말을 듣고 있으면 마음이 덜컥 내려앉는다. 가만히 듣고 있다가 무슨 말이라도 할라치면 언니는 다그치듯 말한다. "안 들리니까 문자로 해!" 그러고는 전화를 끊어버린다.

처음에는 너무 놀라 멍하니 있었다. 그러면 다시 전화가 걸려 온다. 얼떨결에 받으면 또다시 호통이 쏟아진다. 이렇게 달라져 버린 언니가 이제는 조금 무섭다. 치매가 시작된 걸까. 하늘이 내려앉는 듯한 두려움에 숨이 막히고, 눈물이 난다.

과천 언니는 올해 아흔셋이다. 진명여고를 졸업한 뒤 '산업은행'에 입사했고, 입사 3년 만에 총재실 비서로 발탁될 만큼 유능했다. 미모에 예의범절까지 갖춘 언니는 그 시절 많은 사람의 시선을 한 몸에 받았다. 일본어와 영어에도 능통했던 언니는 내 여고 시절 존경의 대상이자 '롤모델'이었다.

언니는 20대 후반에 능력 있는 사업가와 결혼해 딸 하나를 두고 행복한 가정을 꾸렸다. 그러나 딸이 한창 자라던 무렵, 남편이 갑작스레 세상을 떠났다. 그 후 힘겨운 세월을 견디며 딸을 잘 키워내고, 좋은 사윗감을 인연으로 맺어주었다. 그 딸이 낳은 외손녀가 결혼해 증손녀를 안겨주었을 때는 강보에 싸였을 때부터 돌봐주었다. 어린이집에 데려다주고, 데리고 오며 함께하던 그 시절은 아마도 언니의 일생에서 가장 따뜻했던 시간이었을 것이다. 하지만 다섯 해 뒤, 손녀가 새 아파트로 이사를 하면서 언니는 홀로 남게 되었다. 그 무렵부터 외로움에 시달렸고, 증손녀를 향한 그리움으로 마음앓이를 했다.

과천 언니는 나와 혈연으로 맺어진 친자매는 아니다. 언니는 내 친언니의 절친한 친구였다. 53세에 하늘나라로 간 친언니는 많은 친구를 남기고 떠나서 우리 가족은 그 언니들과 오랫동안 왕래하며 집안 대소사를 함께했다. 세월이 흘러 40여 년이 지나면서 인연의 끈은 하나둘 끊어졌지만, 과천 언니만은 지금까지도 나와 내 동생의 '진짜 언니'로 남아 주었다.

내가 일흔이 넘어 평생을 살아온 서울을 떠나 과천으로

홀홀히 올 수 있었던 것도, 과천 언니를 믿고서였다. 지인들 대부분은 우리를 친자매로 안다. 본은 다르지만 같은 김씨 성을 써서, 더 그렇게 보였는지도 모르겠다. 그런 언니가 요즘 들어 무언가 정신적 변화를 겪는 듯해서 불안하기만 하다.

어느 날, 언니에게서 울먹이는 목소리로 전화가 걸려왔다.

"현순아, 지금 비가 오는데 우산이 없어. 나는 우산이 없어요…."

"어딘데? 언니, 어디 있어? 내가 금방 갈게."

아무 응답이 없었다.

"응? 언니, 어딘데? 어디 있어? 제발 말해."

계속해서 소리쳤지만, 답이 없더니 전화가 뚝 끊어졌다. 다급하게 언니를 부르는 소리에 번쩍 눈이 떠졌다. 꿈이었다.

시계를 보니 새벽 세 시였다. 언니가 한 시 넘어 전화를 걸어와 몇 마디 나누다가 "잘 들리지 않는다"고 해서 전화를 끊고, 문자를 주고받다 잠이 들었던 바로 그날이었다.

그런데 그 꿈은 무엇이었을까.

'나는 우산이 없어요….'

그 절실한 목소리가 너무도 깊고 크게 다가와, 나는 그날 온 하루를 울먹이며 지냈다. 어쩌면 언니는 어렴풋이 다가오는 변화를 느끼며, 자신을 지켜줄 무언가를 간절히 찾고 있었는지도 모른다. 비를 막아 줄 '우산'이 아니라, 마음을 감싸 줄 손 같은 것을.

그 절실한 부름 속에서 나는 내 안의 목소리를 들었다. 그 소리는 언니만의 것이 아니라, 내 안에서 되돌아 나온 나의 목소리이기도 했다.

(2025. 03.)

5부

대학 유감遺憾

나는 죄인입니다

시간 속으로 사라지는 것들

매듭 풀기

열림 버튼

초롱이

곱게 물든 단풍잎 한 잎이었으면

은빛 꼴찌의 행복

작품 낭독

대학 유감遺憾

고3 막바지에 대학 진학을 위한 마지막 사정회가 있었다.

교장실로 갔다. 교장 선생님과 각 과목 담당 선생님, 담임선생님이 계신 자리에서 성적과 성향을 따져 나는 원하는 대학에 원서를 내어도 좋다는 말씀을 들었다. 당시 우리 학교의 경우에는 사정회를 통과하면 90% 이상이 원하는 대학에 합격했다. 무난히 통과한 나는 벌써 지망하는 대학교의 학생이 된 듯 벅찼다.

시험 전날, 불안하여 잠을 설쳤다. 그러나 평상시에 열심히 준비한 대로 하자고 다짐했다. 응시 날 아침, 온 식구의 기도와 격려를 받으며 집을 나섰다. 시험을 보고 나와 선생님과 문제를 풀어보니 아주 잘 본 것 같지는 않았지만 합격선에는 들 것 같아 안심했다.

발표 날, 큰오빠가 발표장에 같이 가자고 했다. 나는 의아해서 오빠는 출근해야지 왜 같이 가냐며 사양했다. 그런데 그 표정이 좀 이상했다. 무언가 숨기는 듯한 느낌에 긴장이 되었지만 애써 편안한 마음으로 갔다. 벽에 길게 나붙은 합격자 명단에 내 이름이 안 보였다. 과를 잘못 찾았나 하고 다시 보았다. 아무리 봐도 그곳에 있어야 할 내 이름은 없었다. 하늘이 노랗고 땅이 빙글빙글 도는 듯 현기증이 났다. 조금 있으면 친구들이 올 텐데 언뜻 피하자는 생각에 비틀거리며 재빨리 학교를 빠져나왔다.

집에 오니 엄마가 아무 말 없이 나를 꼭 안아주었다. 발표장에 보내지 말기로 했다가 본인이 직접 체험하라고 보내셨단다. 후에 알았지만 그날 아침, 그 대학 본부에 근무하는 형부에게서 듣고 식구들은 결과를 알고 있었단다. 합격자 바로 뒤 첫 대기자여서 한 사람이라도 등록을 포기한다면 합격할 수 있다고 해주었다며 기다려보자고 했다. 그러나 끝내 행운은 찾아오지 않았다.

하얘진 내 머릿속은 새로 들어오는 것이면 무엇이든 거부했다. 무상무념. 먹지도 않고 잠도 못 자고 실어증에 걸려 열병을 앓았다. 큰 뭉치가 가슴을 짓누르는 듯한 고통에 호흡곤란까지 겹쳤다. 집에서는 다른 학교 원서를 준비하자고 했지만 귀에 들어오지 않았다. 지원했던 곳은 최고의 대학이라는 것 외에도 국립대학이어서 학비가 저렴했기 때문인데 사립대학에 진학하기에는 환갑 진갑을 넘긴 부모님께 부담을 드리는 것 같아 미안했다. 동생을 생각하면 더더욱 용기가 나지 않았다.

결국 난 다른 대학에는 원서도 넣어 보지 않고 공무원이 되었다. 국립도서관에서 '사서 보'로 출발하여 2년 만에 정식 '사서직'을 받고 사서과에 근무하면서 많은 책 속에서 살았다. '세계 문학 전집'과 '한국 문학 전집'을 하나하나 읽어가며 신간 속에 묻혀 살면서도 가고 싶었던 대학을 그리워하는 마음은 변함이 없었다. 그때 고집을 꺾고 다른 대학을 선택했더라면 어땠을까?

그 무렵, 남편과 연애를 시작했다.

그 감미로운 감정은 이성적으로 입시에 전력을 기울여야 하는 시기에 나를 바보로 만들어버리고 말았다. 그가 나에게 입시 준비하지 말고 같이 놀자고 한 것도 아닌데, 첫사랑에 빠지다니…. 남편은 대학에 진학할 것을 권했지만 듣지 않았다. 부끄럽고 후회스럽다. 어찌 생각하면 사랑하는 남편을 만난 대가로 가슴에 큰 흉터 하나를 얻었는지도 모른다.

결혼하고 자식을 키우고 사느라 많은 어려움이 있었지만 그런 중에도 대학 공부를 시작하고 싶다는 욕망에서 벗어날 수 없었다. 매년 봄, 새 학기가 되면 각 대학에서는 특이한 입학생에 관한 뉴스를 내보냈다. 그럴 때마다 이 나이에라도 대학에 들어가면 되지 않을지 용기를 내어보았다가는 이내 포기해 버리곤 했다. 내 아이들만이라도 내가 꿈꾸던 대학에 보내고 싶은 욕망이 컸다. 다행히 꿈이 이루어져 딸 하나가 그 대학을 나왔다. 그 딸이 결혼하여 낳은 손녀도 같은 대학에 입학했는데 그땐 참으로 기뻤다.

긴 세월이 흘렀다. 그 후에도 대학의 꿈은 순간순간 나타나 나를 부딪치고 갔다. 그러고는 오래도록 멍을 남겼다. 그런데 이 멍울을 언제까지 안고 갈 것인가. 이젠 벗어나 행복해지고 싶다.

구순을 한 해 앞둔 지금도 나는 공부할 때가 제일 행복하다. 건강이 허락하는 한, 가르치는 곳이 있다면 배움을 찾아 달려가고 싶다. 수필을 공부한 지 17년째다. 우리나라 학제로 친다면 초등학교 1학년으로 입학해서 졸업하고, 중고등학교를 거쳐 대학까지 마치고, 대학원 1년째 과정에 있는 셈이다.

학위는 어찌 되었냐고요? 수필가로 등단하고, 수필집 세 권을 준비하는 지금껏 한 번도 글쓰기를 멈춘 적 없이 달려왔으니 박사 학위를 딴 것만큼이나 기쁘다.

(2025. 08.)

나는 죄인입니다

부끄럽게도 나는 임신이 잘 되는 편이었다. 절제하지 않았더라면 11명의 자녀를 낳은 시어머님의 뒤를 이어 나도 십여 명의 아기를 낳았을 수도 있었겠다. 그렇게 조심했어도 실수가 되어 다섯 번 이상이나 인공 절제 수술을 했다. 그때마다 죄의식으로 죽을 맛이었다.

남편은 다른 일은 부탁하면 비교적 열심히 최선으로 들어주는데 정관수술은 손사래를 쳤다. 남편이 협조하면 죄도 짓지 않고 나도 건강할 텐데 몇 번 죄를 짓고 나니 너무 괴로웠다. 건강상으로도 힘이 들었다. 가톨릭 신자인 나는 고해성사를 볼 면목이 없어 영성체를 모시지 못하는 경우가 늘어났다.

나의 고민을 알게 된 어느 분이 방법을 알려주었다. 여자의 배꼽을 수술하면 된다기에 내가 '배꼽 수술'을 하고서야 그 고통에서 벗어났다. 일단은 해결했지만 마음속에 남아 있는 죄의식은 피할 수가 없었다. 어떻게 하면 속죄할 수 있을까. 깊은 고민 끝에 성당에서 작은 봉사를 시작했지만 집안일과 직장일을 병행하다 보니 시간상으로 불가능했다.

1991년도인가. 같은 아파트에 사는 성당 교우 두 사람을 알게 되었는데 모두 환자였다. 한 자매는 위암을 앓으면서 청각장애인 아들을 두고 있었고, 다른 자매는 초등학교와 유치원에 다니는 두 딸을 둔 대장암 환자였다. 딱했지만 내가 해줄 수 있는 것이라고는 아무것도 없었다. 그날부터 두 자매를 위해 '병자기도'를 시작했다.

매일 새벽에 일어나 환자들을 위해 기도를 하다 보니 주위에 아픈 사람이 많다는 것을 알게 되었다. 다 간절했다. 환자 이름과 상태를 듣고서 이름을 적어 그들을 위해 기도를 하면 나도 절실한 마음이 되었다. 이렇게 시작한 기도 대상자가 지금은 평균 45명 선을 늘 유지한다. 환자 명단을 만들어 가톨릭 기도서에 붙여놓고 매일 기도를 올리다 보면 완치가 되기도 하고, 돌아가시기도 했다. 그래도 실망하지 않고 하느님께 자비를 달라며 기도를 이어왔다. 병세가 위중해지면 '선종기도'로 돌려서 한다.

내가 자기를 위해 기도하는 것을 모르는 사람들에게는 굳이 알리지 않는다. 그러나 대부분은 알고 있다. 내가 드리는 기도가 지친 마음에 큰 힘이 된다며 고마워한다.

여행을 갈 때도 언제나 기도서를 갖고 다닌다. 30여 년 동안 기도가 필요한 사람의 이름을 썼다 지웠다가 새로 쓰기를 반복하느라 메모지는 너덜너덜해졌지만 그냥 갖고 있다. 나의 속죄를 위하여 시작한 기도여서 야단을 맞을지도 모르는 불안한 마음도 있지만 생을 다하는 날까지 나는 이 기도를 이어가고 싶다.

하지만 이것으로 그분의 용서를 바랄 수는 없다. 나는 그분 앞에서 여전히 죄인이다.

(2025. 09.)

시간 속으로 사라지는 것들

미국 LA에서 고교 졸업 55주년 기념행사가 있었다. 동기동창 LA지부 회장이 한국에 사는 동기 육십여 명과 그곳에 사는 삼십여 명을 초대했다. 우리는 왕복 비행기표만 들고 갔다. 미국에서 도자기 사업을 크게 키운 그 동문은 총동창회에 몇 번 큰 기부를 한 적이 있었는데, '졸업 55주년 한마음 큰 잔치'에 드는 모든 비용과 일주일간의 관광 비용을 혼자 부담했다.

단체여행 마지막 날, 캐나다 쪽 나이아가라를 보기 위해 버스에서 내려 미국과 캐나다 사이에 놓여 있는 다리를 걷고 있을 때였다. 일행 모두 쓰고 있던 모자를 손으로 붙잡고서 조심하며 걸었다. 갑자기 드센 바람이 불어와 내 선글라스를 떨어뜨렸다. 그것을 잡으려다 순간에 모자가 날아갔다. 간 곳이 없었다. 아깝고 서운해서 눈물이 핑 돌았다. 친구들이 위로하며 그냥 가자고 하기에 포기하고 걸었다. 마음속으로 '사랑한 내 모자야, 잘 가라' 하며 이별의 마음을 토닥이고 있었다. 그때, 한 친구가 흥분한 목소리로 외쳤다.

"저기 있네. 현순아!"

내 모자가 바람결에 굴러가고 있었다. 모자는 데굴데굴 굴러 미국 쪽 다리 옆 비탈진 잔디 위 작은 꽃나무에 반쯤 뒤집힌 채로 걸려서 멈추었다. 숨을 죽인 채 쳐다보던 우리는 환호성을 울렸다. 하지만 그 모자를 어떻게 집어 오느냐가 문제였다.

저 앞에 경찰관의 매서운 눈초리가 살피고 있었다. 그래도 포기할 수 없었다. 나는 친구에게 안경을 맡기고 잠깐만 기다려 달라며, 모자를 향해 뛰어갔다. 많은 친구가 나를 막았다. 하지만 나는 경찰이 들을까 봐, 입에 검지로 조용히 하라는 신호를 주며 돌진했다. 잔디는 밧줄로

막혀 있었다.

멈칫하다가 살짝 들어갔다. 가까이 가니 폭포 줄기는 성난 범의 소리로 소용돌이치고 있었다. 물보라가 금방 내 옷을 적셨다. 시퍼런 물속에 모자가 산산이 부서지는 상상으로 오싹 소름이 돋았다. 포기하고 돌아서는 순간, 내 뒤로 친구들이 재빠르게 인간 띠를 만들어 손을 잡고서 스틱을 내밀었다. 나는 그들이 잡아당기는 힘으로 간신히 그 모자를 낚아채 같이 뛰었다. 어느 영화 장면이 그보다 더 긴장감을 줄 수 있을까!

그날 밤, 저녁 식사 후 산책을 할 때였다. 또 센바람이 불었다. 순간적으로 머리를 감쌌다.

"어머, 내 모자!"

룸메이트가 웃으며 말했다.

"아니야, 우리 모자는 방에 두고 나왔어."

후유, 한숨을 쉬며 둘은 깔깔대고 웃었다.

첫 해외여행으로 1989년에 일본에 갔을 때 미스코시

백화점에서 한눈에 반하여 큰마음 먹고 산 선캡이었다. 베이지색으로 옆에는 오렌지빛과 초콜릿색으로 된 액세서리 꽃이 달린 고상하면서도 사랑스러운 모자였다. 어느 옷과도 조화가 잘되어 즐겨 썼다. 모자가 벗겨져 날아갔을 때 그냥 두고 왔다면 사랑하는 애인과 헤어진 것처럼 지금까지도 가슴앓이를 했을지 모른다. 그 당시 70세를 넘은 친구들의 조용한 협조가 없었다면 모자와 내가 재회할 기회는 없었을 거다.

원래 모자를 좋아하지 않았다. 더구나 모자챙에 액세서리가 있는 것은 생각지도 못했다. 웬일인지 그 모자를 본 순간, 르누아르 그림 속 풍요로운 여성의 품위가 느껴졌다. 그 이후로 변함없이 그 모자를 좋아해 아끼며 썼다.

이제 모자는 색상이 바래고 모양도 조금 변했다. 나도 그렇다. 흐르는 시간은 나에게 반갑지 않은 선물을 주었다. 그토록 아끼고 좋아했던 선캡이지만 챙만 있는 모자는 점점 자신이 없어졌다. 머리숱이 시나브로 적어져 휑한 데를 가릴 모자가 필요하게 되었다. 모자의 수는 점점 늘어났다. 선캡은 모자 상자에 넣어 간직하다가 지난해 이사하면서 마음을 다잡아 폐품 처리했다. 짠했다. 버린 뒤 두어 시간 후쯤, 외출할 일이 생겨서 아파트를 나가면서 보니 모자 상자가 보이지 않았다. 누군가에게 잘 선택되어 간 것 같아 마음이 가벼워졌다.

(2023. 07.)

매듭 풀기

 살던 아파트가 재건축되면서 비워야 했다. 이제는 내가 늘 생각하던, 조용한 곳에서 나의 소중한 꿈을 완성할 수 있는 곳을 찾기로 했다. 내 생에 더는 욕심 없이 한곳에 뿌리를 내리고 싶었다.

 아들과 함께 내가 살 아파트를 알아보았다. 마침 마음에 드는 예쁜 아파트가 있었다. 숲속 마을에 있어서 더없이 좋았다. 그래도 혹시 실수라도 할까 싶어 결정하기 전에 네다섯 번을 방문하며 숙고를 거듭했다.

 드디어 9개월 전에 매매계약을 하고, 며칠 집수리를 한 후 이사를 했다. 12층에서 내려다보면 가풀막도 없고 확 트인 푸른 공원이 어찌나 아름다운지 행복했다. 멀리 보이는 산허리는 내가 어려서 그림을 그리던 바로 그 산의 중턱인 듯했다.

나무 사이로 난 오솔길은 구불구불 리듬을 타고, 그리 크지 않은 연못에는 여름이면 수련이 가득히 피어나고, 그 사이를 몇 쌍의 오리들이 한가로이 노닌다. 개구리 울음소리는 저물어가는 여름밤을 낭만으로 가득 채운다.

아침이면 강아지와 함께 산책하는 동네 이웃들이 참 평화롭다. 긴 시간 꿈꾸어왔던 나의 노년이다. 연못 옆 푸른 나무 아래에 놓인 벤치에 앉아 책을 읽거나 하늘을 쳐다보며 깊은 명상에 잠기는 순간들은 얼마나 귀한 시간인지….

오늘같이 비가 내리는 날이면 조용히 빗소리를 들으며 수풀 사이를 걷는다. 맑은 날, 이어폰을 끼고 음악을 들으며 지나온 삶을 반추해 보는 재미는 또 얼마나 큰지 모른다. 힘들게 살아온 시간을 다 보상받은 듯하여 앞으로도 부끄럽게 살지 않겠다고 다짐하곤 한다. 까딱했더라면 놓칠 뻔했던 평화여서 더 소중하다.

이사하고 두 달쯤 지났을 때다. 우연히 같은 단지에 사는 이웃에게서 놀라운 이야기를 들었다. 얼마나 기겁했던지 어지럼증이 날 지경이었다. 내 아파트를 다른 집에 비해 턱없이 비싼 가격을 주고 샀다는 사실을 알게 되었다. 아들에게 알렸다.

 어디서부터 잘못되었던 걸까. 어떻게 이렇게 큰일을 하면서 잘 알아보지도 않고 상대를 믿기만 했을까. 내가 이해하고, 받아들일 수 있는 답을 달라고 기도에 매달렸다. 아들은 그냥 잊어버리고 이 집에서 즐겁게 글을 쓰며 건강히 살라고 해주었다. 고마웠다. 그래도 큰 손해를 입은 것 같아 마음이 쓰렸지만 어쩌겠는가. 다 지난 일이었다.

 일주일 동안 하나하나 정리해 가면서 마음을 돌리기로 했다. 어려서부터 자연을 좋아해서 자연의 품에서 보내기를 원했지만 바쁘게 사느라 그러지를 못했는데 이제 자연 속에서 살게 되었으니 그만으로 감사하자며 나를 토닥였다.

이 집에서 손을 놓지 않고 꾸준히 키보드를 사랑하며 글을 쓴다면 실수를 보상받을 수 있을 것 같았다. 걸작은 언감생심. 부끄럽지 않은 글줄 한 줄이라도 쓸 수 있다면 얼마나 좋을까.

　하마터면 매듭 하나를 묶을 뻔했다. 살자면 나도 모르는 새에 많은 매듭이 생겨 있었다. 그때마다 힘든 속에서도 나는 풀려고 했다. 마지막 하늘나라로 가는 순간까지 엉키고 못 푼 매듭 없이 살아가고 싶다.

(2023. 07.)

열림 버튼

 약속 시간에 늦을 것 같아 경보 수준으로 걸어서 지하철역에 도착했다. 운 좋게도 바로 지하철을 탈 수 있었다. 안도의 숨이 나왔다. 토요일 오전 시간인데 승객이 많았다. 간신히 경로석 앞에 기둥을 의지하고 섰다. 그런데 이상하게도 몇 정거장을 지난 후부터 지하철은 계속 가다 서기를 반복했다. 역무원의 안내 방송도 없어 답답했다. 휴대전화기에 몰입했던 사람들이 웅성거리기 시작했다. 여기저기에서 볼멘소리가 튀어나왔다.

 늦을지 다시 걱정되었다. 마음이 조급해지면서 가슴이 조여드는 느낌에 진땀이 흘렀다. 다리에서는 가벼운 쥐가 났다. 외출 때는 늘 갖고 다니는 따뜻한 물로 '청심환'

을 빠르게 꺼내어 먹고 응급처치를 했다. 조금 지나니 안정이 되었다.

교통약자석에는 이야기에 폭 빠진 두 여인이 앉아 있었다. 암만 봐도 아직 젊어 보이는데, 자기들 앞에서 벌어지는 일에는 눈길 한 번 주지 않았다. 야속한 마음이 들었지만 도리가 없었다. 그들도 사정이 있겠지, 하는 마음으로 '이해의 열림 버튼'을 누르니 마음이 편해졌다. 한참 후, 두 자리가 났다. 감사한 마음으로 쓰러지듯 앉았다.

얼마 후에 젊은 부부가 유모차를 밀고 열차에 탔다. 아내는 만삭의 임산부였는데 유모차에는 어린 남자아이가 있었다. 그들은 나와 나란히 앉게 되었다. 엄마가 유모차에 탄 아기 손을 잡고, 사랑 가득한 눈으로 소통하는 모습이 아름다웠다. 잠시 힘들었던 마음에 잔잔한 평화가 왔다. 한 아기를 낳고, 곧 또 하나의 귀한 생명을 잉태한 젊은 부부가 참 고마웠다. 우리나라의 출산율은 세계에서 거의 꼴찌인데 한 아이도 아닌 두 아기를 가지게 될 그 젊은이들에게 신의 가호가 듬뿍 내리기를 마음속으로 기도했다. 나는 내리기 전에 아기엄마에게 속삭이듯 말했다.

"고마워요. 이렇게 예쁜 아들이 있고 또 만삭이니 감사해요. 건강히 출산하여 아기와 엄마가 건강하고 네 식구가 행복하기를 기도해요."

그녀는 감사하다며 요즈음 어른들께 덕담을 많이 듣는다며 웃었다. 축복으로 건넨 한마디가 '감사의 열림 버튼'이 되어 그녀와 나를 즐겁게 했다.

전철에서 내려 밖으로 나가는 엘리베이터를 탔다. 승강기가 닫히려는 순간, "잠깐만요. 도와주세요." 하는 다급한 소리가 들렸다. 재빠르게 '열림 버튼'을 눌렀다. 휠체어를 탄 여자가 거듭 감사 인사를 했다. 그녀가 내릴 층의 버튼을 눌러주고 보니 젊은 여인이었다. 불편한 처지지만 홍조를 띠고 웃음을 가득 담은 모습이 아름다웠다.

"참 힘들어요. 엘리베이터 타는 거. 그래도 고맙죠. 바쁜 세상이라 승객들의 배려 없으면 마냥 기다려야 하죠."

밝은 얼굴이지만 저 밑에 깔린 설움 섞인 목소리에 마

음이 아팠다. 내리면서 감사 인사를 거듭하는 젊은 여인의 뒷모습이 가슴에 남았다. 순간 그 여인을 위한 기도가 저절로 나왔다.

'주님, 저 여인에게 영육 간에 건강 주시고, 밝은 마음으로 잘 살아갈 수 있도록 '기적의 열림 버튼'을 눌러주소서. 아멘.'

27년 전에 남편을 먼저 보내고, 큰아들 내외와 함께 살기 시작하면서 다짐한 것이 있었다. 빠르게 변화하는 세상에서 젊은 자식들과 살려면 지켜야 할 수칙이 필요할 것 같았다. '알, 간, 야, 이' 이 네 글자를 풀이하면 이렇다. '알려고 하지 마라', '간섭하지 마라', '야단치지 마라', '이해해라' 지금도 이 수칙을 착실히 지키려고 나를 담금실한다. 여기에 '열림 버튼'은 기본이다.

조급했던 마음을 내려놓으며 전철 속에서 얻은 귀한 마음들을 가슴에 안고 약속 장소로 부지런히 갔다.

(2024. 04.)

초롱이

가족 카톡방에 막내아들이 보낸 메시지가 들어왔다.

"좀 늦었지만 알려 드립니다. 우리 집 초롱이가 수요일 밤에 '강아지별'로 떠났습니다. 장례는 잘 치러주었어요. 편히 쉬라고 기도해주세요."

사진에는 초롱이의 마지막 모습이 담겨 있었다. 초롱이는 분홍색 숙고사 이불을 덮고서 꽃으로 장식한 예쁜 바구니에 담겨 있었다. 이불 위에는 노랑과 흰색의 작은 국화 송이들이 골고루 뿌려져 있었다. 머리맡에는 작은 성모상이 놓여 있었다.

초롱이는 작은아들네 부부가 키우던 강아지다. 두 손주가 어렸을 때 입양했는데 팔자를 잘 타고났다. 황금색 고운 털과 꽤 예쁜 얼굴에 총명하기까지 해서 모두에게서 귀염을 받았다. 어찌나 지극하게 돌봤던지 사람의 나이로 치면 90살 넘게까지 살면서도 참 건강했다. 그러다 1년 전부터는 소화 기능이 약해지면서 연명치료까지 해왔다. 온 식구가 당번이 되어 돌아가며 힘들게 돌봤지만 불평이라곤 하지 않았다. 치료비 또한 엄청났으니, 사람으로 태어나지 못했어도 여한 없는 삶을 살다가 간 셈이다.

혼자서 초롱이 사진을 보는데 자꾸 슬퍼졌다. 가끔 아들네 집엘 가면 만나던 초롱이였다. 처음엔 큰 소리로 짖어대며 법석을 떨다가도 시간이 지나면 조용히 내 옆으로 와 꼬리를 말고서 가만히 있곤 했다. 몸을 대고 한참 있다가 보면 따뜻한 기운이 전해지면서 어느새 정이 들었다. 등을 쓰다듬어주면, 저도 내가 좋은지 코를 박고 파고들곤 했었다. 그런 조롱이가 완전히 떠났다고 생각하니 나도 눈물이 났다. 언제 또 나에게 그렇게 따뜻한 품을 허락해 줄 강아지가 있을까. 가끔 만나 정을 나누었던 내가 이 정도니, 평생 사랑을 나눈 막내네 식구들의 슬픔은 어떨까.

  손주들에게는 직장을 다니는 제 부모의 자리를 대신해 준 초롱이였다. 아니나 다를까. 막내네는 초롱이의 장례를 치르고도 집 안을 초롱이가 살던 때처럼 해두었다. 초롱이가 쓰던 물건이나 가구를 정리조차 안 하고 그대로 두어서 은근히 걱정이었다.

  초롱이가 강아지별로 떠나고 3개월쯤 되었을 때다. 가족 카톡방에 막내네가 공유한 사진이 올라왔다. 집 안이 새로운 가구로 말끔히 채워져 있었다. 손주는 대학에서 그룹사운드 활동으로 바쁘고, 손녀는 동유럽 여행을 떠났다는 소식도 함께 담겨 있었다.

'눈에서 멀어지면 마음에서 멀어진다.'라는 말은 맞는 말 같다. 이제 초롱이의 흔적은 서서히 엷어지겠지. 막내네 가족은 초롱이를 떠나보낸 슬픔에서 느린 속도로 벗어나 각자의 목표대로 가게 되겠지….

(2024. 04.)

곱게 물든 단풍잎 한 잎이었으면

새벽 비가 내린다. 침실 커튼을 젖히고 아파트 공원을 내려다본다.

어젯밤 늦도록 원고와 씨름을 한 피로가 싹 가시는 기분이다. 아직 여명의 기운이 없는 어둑신한 공원이지만 아름답다. 차분하고 깊이 있는 색상이 대지 속으로 깊게 스며든다.

날이 새기를 기다려 우산을 받고 공원으로 나갔다. 신고 있는 빨간 운동화에 작은 물방울이 올라앉는다. 좀 있으면 이 공원에도 단풍이 스며들어 형형색색 화려한 옷으로 갈아입겠지. 비와 함께 내려앉는 솔향기가 감미롭다. 언제부터 이런 풍경들을 내 안으로 들여 사랑으로 느끼고 기쁨으로 안게 되었을까.

　세상이 조금씩 다르게 보이기 시작했다. 글을 쓰면서부터였지 싶다. 무심히 지나치던 사물이 확대되어 보이고, 그 안에서 깊이와 색깔을 느끼고 소리를 듣게 되었다. 새로운 것을 발견하면 호기심으로 다가가 연을 맺는 작은 능력이 생겼다.

　오랫동안 짝사랑해 오던 글쓰기가 현실이 되어갔다. 훌륭한 스승을 만나 열심히 배우니 허허벌판이던 내 가슴이 조금씩 채워져 가는 걸 느꼈다. 글을 쓰면서 어떻게 살 것인가, 라는 심오한 고민도 하게 되었다. 이후 지속되는 조용한 변화가 나의 의식을 성장시켜 왔다. 생각과 말이 글이 되고, 그 글이 모여 책이 되었다.

　이제는 글과 함께라면 혼자 있어도 외롭지 않다. 주제를 잡아 쓰기 시작하면 그 속에 몰입되어 어떻게 하면 내가 바라는 작품으로 태어나게 할 수 있을까, 오래 씨름한다.

　엄마 노릇, 할머니 노릇 하느라 70세에 늦깎이로 문단

문을 두드렸다. 깔고 앉았던 멍석도 말아서 벽에다 걸어 놓을 나이에, 겁도 없이 성큼 걸어 들어왔다. 아주 어쩌다 가슴이 두근거려지는 글을 얻을 때도 있었지만 자료 수집을 해놓고도 매듭을 짓는 경지까지 이르지 못한 채 끙끙대기만 한 적도 많았다. 그래도 최선을 다하려고 했다.

작은 노트를 항상 지니고 다니며 떠오르는 단어와 문장을 기록한다. 형용사만 빼곡히 써 놓기도 하고, 부사만 써보기도 한다. 순우리말도 열심히 공부한다. 자다가 잠이 깨면 부지런히 서재로 가서 컴퓨터를 켜고 떠오르는 생각을 쓴다.

초고가 완성되면 그때부터 시작이다. 다시 읽어보고 주제를 살피고 구성이 잘 되었나 보면서 수첩 속에 메모해 둔 단어를 선택하여 고치고 다시 고치기를 여러 번 거듭한 끝에 다른 파일로 서장해두고 나면 없던 힘이 샘 솟듯 한다.

그러고 나면 또 글제가 떠올라 쓰고 싶은 글을 써보기도 하고, 내가 살아온 경로를 생각하여 글감을 소재별로 정리해두기도 한다. 책을 읽으며 들어오는 단어나 문장 중에 관심 가는 부분이 있으면 바로 메모장에 적는다. 라디오 방송을 들으면서도 텔레비전에서 드라마를 보면서도 수필의 소재가 되는 내용이 있으면 발췌하고, 노래를 듣다가도 좋은 단어나 문장이 나오면 메모한다. 젊은 날과 달리 이제는 크게 주어진 일이 없는 나로서는 이렇게 하루하루를 살아가는 것만으로 보람이 크다.

온 정신이 글 속에 있다. 글과 함께 자고, 먹고, 생각하는 삶이다. 문학은 나의 스승이고 둘도 없는 친구가 되었다. 문학 동아리 안에서 스승과 문우와 나누는 사랑과 우정은 삶의 활력소가 된다. 가방을 메고 등교하는 학생의 마음으로 돌아갈 때는 너무나 밝고 기뻐서 감사기도 속에 산다. 그래도 '작가'라는 호칭은 아직 어색하다. 글이 죽비가 되어 나의 의식을 후려쳐 준다면, 쉬지 않고 후회 없이 있는 힘을 다하여 달릴 수 있을 텐데.

이른 아침에 작은딸에게서 전화가 걸려 왔다.

"엄마, 엄마 책 『내 걸음은 연둣빛』 한 권만 더 줄 수 있어요? 미국 사는 친구 경일이가 엄마 책을 꼭 읽고 싶대요."

"그럼, 주고말고."

창밖 공원을 물들이고 있는 노랑, 빨강 단풍잎이 오늘따라 눈에 크게 들어온다. 가을이 깊어지면 바람은 더 거세게 불어올 테지. 그러면 나를 적시기도 할 테다. 포기하지 않고 계속 나아간다면 나도 글과 함께 조금씩 조금씩 아름다운 단풍잎 한 잎으로 물들어갈 수 있지 않을까.

(2020. 11.)

은빛 꼴찌의 행복

'정물오름'을 올려다보니 까마득했다.

맑은 식수가 있다는 곳. 저녁노을이 일품인 그곳. 정상에 오르면 한라산이 바라보인다고 했다. 멋지겠지. 그러나 나는 아무래도 자신이 없었다. 몇 년 전만 해도 다른 오름을 튼튼한 다리로 올랐었는데….

일행이 다녀오는 동안 앉아서 기다릴 곳을 찾았지만 마땅치 않았다. 즐겁게 떠들며 오름을 오르는 소리가 멀어지는가 싶더니 다시 메아리가 되어 내려왔다.

'그래도 올라가 볼까.'

그때, 저쪽에서 건장하고 훤칠한 체격의 남성이 미소를 머금고 성큼성큼 다가오더니 내게 손을 내밀었다. 우리가 타고 온 밴의 기사였다. 앞서 올라간 인솔자가 전화로 나를 부탁했단다. 나의 큰아들과 비슷한 연배였다. 용기를 내어 그의 손을 잡고 오름을 오르기 시작했다. 고맙고 반가워 코끝이 시큰해 왔다.

완만한 곡선의 오름은 엄마 품을 느끼게 했다. 오르면서 보니 생전 처음 보는 식물들이 많았다. 그는 큰 손으로 내 손을 꽉 잡고서 구수한 말씨로 식물들의 이름을 하나하나 알려주며 특징과 효능까지 설명해주었다. 그렇게 하는 사이에 어느새 오름 정상에 다다랐다. 제주의 바다와 땅, 성이시돌목장이 한눈에 보였고, 조금 멀리로는 웅장한 한라산이 보였다. 일행은 힘찬 함성과 박수로 나를 맞아 주었다. 꼴찌로라도 정상에 올랐다는 생각에 뭐라 설명키 어려운 뿌듯함이 가슴을 꽉 채워왔다. 만약 기사님이 나를 도와주지 않았다면 나는 낙오자로 오랜 시간을 우울한 기분으로 지냈을지 모른다. 그때까지는 스스로 포기라곤 해본 적 없이 살아온 나였다.

그날 아침, 제주행 비행기를 타기 위해 공항으로 가던 일이 생각났다. 아침 5시 40분에 공항버스 정류장에 도착하여 6시 차를 기다렸다. 차는 시간이 지나도 오지 않았다. 걱정되어 전화를 했다. 코로나로 운행 시간이 변경되어 첫차는 8시에 있단다. 그러고 보니 정류장 표시 밑에다 찢어진 종이 하나가 바람에 시달리면서 간신히 붙어 있었다. 변경된 시간표였다. 아찔한 순간, 번뜩 생각이 났다. 지하철로 가자, 아직 시간은 있다며 나를 다독였다.

동작역에 내려 공항행 9호선 지하철을 타러 가는데, 앞서가던 아가씨가 뛰기 시작했다. 무슨 일이 났나? 나도 불편한 다리로 따라 뛰기 시작했다. 숨을 헐떡이며 쫓아가다가 생각이 났다. 아, 급행열차! 간신히 탔다. 다행이었다. 꼴찌로 급박한 상황을 면했다. 앞에 뛰던 그녀와 눈이 마주쳤다. 해맑고 동그란 얼굴이 숨을 몰아쉬며 웃었다. 이마에 송골송골 맺힌 땀과 볼그레한 모습이 퍽 귀여웠다. 아가씨가 앞에서 뛰지 않았다면, 그리고 그의 행동을 흘려버렸다면 나는 아마 급행열차를 못 타서 비행기 출발 시간도 놓쳐버렸을 테지. 참으로 고마웠다. 예쁜이의 순발력과 빠른 행동이 나를 살렸다. 나는 두 엄지를 치켜세워 최고라고 해준 뒤 하트 표시를 보여주었다. 아가씨는 수줍게 웃으며 내게 인사를 보냈다.

 태어날 때부터 생애의 대부분을 경쟁으로 살았다. 오남매 중 넷째에다 딸 셋 중 가운데 딸이라 내 입지가 앞뒤로 비킬 곳이 없었다. 부모님께 사랑받고 형제들에게 인정받기 위해 더 큰 노력을 하며 자라났던 것 같다. 사회에서도 늦게 대기업에 입사했기에 남보다 더 노력해야 한다는 관념이 투철했다. 그 결과 뛰어난 실적과 능력 있는 강사로 인정받아, 일 년에 200회 이상을 출강하며 전국을 다녔다. 포상으로 해외여행의 특전도 이십여 차례나 받았다. 경쟁에서 이기는 삶을 최선으로 두고 살았던 결과였다.
 은퇴 후, 풍요로운 노후를 위해 수필 공부를 시작했다. 글을 쓰면서도 경쟁심이 일어날 때가 있었다. 그런데 언제부터인지 그 마음을 누르는 지혜가 생겼다. 지금껏 살아온 세상에서는 맛보지 못한 글쓰기가 가져다준 선물이었다. 그러나 경쟁을 하지 않는다는 뜻이지, 꿈까지 포기한 건 아니다.

  정물오름을 나 혼자 힘으로 오를 수 없다는 것을 알고 포기했을 때, 마음은 외로웠다. 그런데 '이젠 꼴찌로 사는 너를 흔쾌히 받아들여라.'라는 소리가 어디선가 들려오는 듯했다. 그때 흑기사가 나타나 나를 새로운 세계로 이끌어주었다. 그의 큰 손이 있었기에 '꼴찌'로나마 일행과 함께 정상을 밟을 수 있었다. 그제야 알게 되었다. 낙오자가 되지 않고 함께한다는 것만으로 얼마나 행복하고 감사한 일인지를.

  정물오름 정상에는 들었던 것과는 달리 물이 없었다. 그러나 살아오는 동안 가장 영혼을 맑게 하는 물을 마셨던 것 같다. 꼴찌의 행복을 누리며 고물고물 사는 것도 은빛 노년에 들어서야 얻을 수 있는 축복이란 것을 알게 되었으니….

(2023. 12.)

해설

사랑으로 빚어낸 돌봄의 기록
− 김현순의 『은빛 꼴찌의 행복』을 읽고

박금아 | 수필가

2015년 『매일신문』 신춘문예 등단
수필집 『무화과가 익는 밤』
한국문인협회 평생교육원 수필 창작 강의

해설

사랑으로 빚어낸 돌봄의 기록
– 김현순의 『은빛 꼴찌의 행복』을 읽고

박금아

한 사람의 생애가 담긴 수필집을 마주할 때, 독자는 글 속 기억의 조각들을 따라가며 그 삶을 지탱해 온 힘을 느끼게 된다. 문장들은 작가가 걸어온 생의 흔적을 품고 있어서, 한 권의 수필집은 마침내 한 생애의 풍경을 고스란히 담은 지도처럼 펼쳐진다.

『은빛 꼴찌의 행복』은 올해로 등단 17년을 맞은 김현순 수필가의 세 번째 수필집이다. 『나목의 길』(2014)과 『내 걸음은 연둣빛』(2020년도 3차, 문학나눔 선정도서)에 이어 5년 만에 펴낸 이 책에는, 작가가 여든아홉 해를 걸어오는 동안 삶의 길섶마다 새겨놓은 사랑의 언어들이 빼곡히 담겨 있다.

김현순은 1937년 서울에서 작은 기업을 운영하던 아버지의 다섯 남매 중 넷째로 태어났다. 전쟁과 가난이 뒤덮은 한국 현대사의 소용돌이 속에서, 그는 여성으로서의 삶을 감당하며 긴 세월을 건너왔다. 그 시간 속에는 시대의 바람에 맞서 한 여성이 짊어져야 했던 삶의 무게와, 그것을 견디며 살아낸 철학이 따스하게 스며 있다. 작가의 '살핌과 가꿈의 마음'은 단순한 성정이 아니라, 사랑을 행동으로 옮긴 일상의 철학적 실천이라 할 만하다.

그의 문장에는 장식이 없다. 그러나 한 줄 한 줄이 마음속에 스며든다. 지극한 긍정으로 삶을 보듬어 온 오랜 발걸음들이 사랑·연민·기억·기다림·애도·용서와 같은 말들로 고요히 풍화되어 있기 때문이다. 작가는 가족과 사회 속에서 맺어온 관계의 결을 통해, 삶이란 결국 사랑을 배우고 실천하는 여정임을 일깨운다.

두레반에서 시작된 사랑

수필집의 첫 장을 여는 글은 「두레반의 추억」이다. 작가는 어느 날 지인의 집에 초대받았다가, 재활용품 수거장에서 비를 맞고 있는 "소반" 하나를 발견해 집으로 들고 온다.

> 두레상은 온 가족이 모여 밥을 먹는 식탁이자, 우리 형제자매들이 공부하는 책상이고, 간식을 먹으며 의견을 나누던 회의장이었다. (…) 부모님은 하루 한 끼라도 식구들이 다 같이 식사하기를 원하셔서 아침이면 큰 두레상에 모두가 둘러앉아 밥을 먹었다.
>
> ―「두레반의 추억」에서

작가의 기억 속에서 두레반은 가족이 서로를 살피던 따뜻한 공간으로 남아 있다. "아주 부자는 아니었지만, 우리들이 부족함을 느끼지 않고 자라게" 해주며 "아들딸을 구별하지 않고 키워 주"셨던 "민주적"인 아버지와, "명절이면 비단 때때옷을 손수 지어 입혀(「엄마의 조각보」)"주셨던 "온 우주였던 울 엄마", 그리고 함께 자라난 언니와 오빠, 동생이 있다. 두레반을 바라보는 일은 유년의 사랑을 떠올리는 일이자, 다시 품어보는 일이다.

아버지는 "오 남매를 키우는 동안 항상 칭찬이 먼저였고, 잘못했을 때는 연유를 물어 들어주셨다(「그리운 아버지」)." "집안에 일이 생기거나 새로운 계획이 있으면" 어린아이들까지 "큰 두레반에 불러 앉히고" "작은 의견이라도 내놓게" 했다. 그 경험은 작가에게 자신이 존재만으로도 귀한 사람임을 깨닫게 했고, 자존감은 세월이 흐른 뒤 타인을 일으켜 세우는 내면의 힘으로 이어졌다. 그런 가족 문화는, 오늘을 사는 우리에게는 아득한 그리움처럼 다가온다.

고등학교를 졸업할 무렵, 가족에게서 받은 사랑은 따뜻한 돌봄으로 이어졌다. 합격을 확신했던 국립대학 입시에 실패했을 때(「대학 유감遺憾」), 부모님은 사립대 진학을 권했지만 "공무원이 되었다." 비싼 사립대 학비가 부담되었고, 동생을 생각하면 용기가 나지 않았기 때문이다. 그런 세심한 마음은 결혼 후에도 변함이 없었다. 어려운 살림을 돕기 위해 양품점을 운영하면서도, 가정을 살뜰히 돌봤다. 결혼 10년 만에 남편의 사업 실패로 "일곱 식구의 보금자리"가 한순간에 무너졌을 때도, 그는 주저하지 않았다. 보험회사에 들어가 다시 삶을 일구었다.

> 떼어낸 문패를 부여잡고 쓰다듬는데 손길이 떨리면서 오열이 터져 나왔다. 희망도 끝도 보이지 않는, 첩첩산중의 초입에 서 있는 것 같은 막막함이 나를 엄습했다. 순식간에 바뀌어 버린 생의 판도, 운명의 부당함이 억울했지만 그래도 이런 해결을 주심에 눈물과 함께 감사의 기도를 드렸다.
>
> ―「문패」에서

일 년 삼 개월 만에 집을 마련하고, 십이 년 걸려 빚을 다 갚고 나니 "오십이 넘어 있었다." 그렇게 살아오느라 녹초가 되었을 테지만 하루하루를 온기로 채워갔다.

아이들은 내가 퇴근하면 저마다 그날 있었던 일을 앞다투듯 말했다. 그러면 나는 차례대로 말하라며 웃으면서 말했다.

"줄을 서시오~."

매일 듣는 그 말에 아이들은 웃었다. (…) 여기에 또 한 분, 시어머님도 손을 드셨다. 나도 에미에게 말할 것 있다고. 그러면 나는 웃으며 "어머니는 이따가 아이들 끝나면 꼭 들어드릴게요." 하며 양해를 부탁했다.

─「도시락 편지」에서

"아무리 고단해도 아이들의 이야기에 귀를 열어 두었"고, 미처 전하지 못한 마음은 편지로 써서 도시락에 넣었다. 엄마의 사랑은 그렇게 매일 도시락 속에서 다시 태어났다. 작가는 그 시절을 이렇게 회상한다. "도시락 편지는 아이들과 나를 튼튼한 사랑으로 이어준 끈이었다."

그의 수필은 시련을 고난의 언어로 표현하지 않는다. 시어머니에게 "꼭 들어드릴게요."라며 웃는 장면에서는 여유와 품격이 드러난다. 그는 고난마저 서사의 한 장면으로 승화시킨다. 원망이나 불평이라고는 없다. 전쟁과 가난, 병과 사별 같은 어두운 그늘을 지나오면서도 담담

함을 잃지 않았기에, 독자는 그 태도에 낯섦을 느낀다. 아픔을 드러내고 나누는 것이 치유의 시작이라고 여기는 오늘날의 정서와는 다른 결이기 때문이다. 그러나 그가 이해된다. 그는 고통을 부정하거나 외면한 것이 아니었다. 삶의 모든 순간을 은총으로 받아들이려는 깊은 신앙의 실천에서 비롯된 태도였다.

남편의 사업 실패 후, 빚을 갚기 위해 처분해야 했던 "약혼반지"의 일화는 가족이 고난을 견디며 서로를 지탱하는 관계의 힘을 드러낸다. 가장의 실패 앞에서 가족은 기다림과 사랑으로 응답한다. 1982년 6월 12일, 한국은행이 자판기 사업을 위해 500원 주화를 처음 발행했던 날, 남편은 "큰 빨간 돼지 저금통을 가슴에 안고 약간 취해서 들어왔다(「도마 씨, 같이 가요」)." 그는 아내 앞에서 "차렷 자세로 말했다." "이 돼지가 당신을 기쁘게 해줄 거야. 조용히 기다려 줘요." 그러고는 "주머니에서 500원짜리 동전 10개를 꺼내어 넣"더니, 혼자 "500원 동전을 모으기 시작했다." 모인 동전들은 "3년 2개월" 뒤에

"가난한 청년"의 약속을 담은 "알반지"로 다시 태어난다.

남편이 세상을 떠난 뒤에도 종가의 종부로서 가족의 중심을 지켰다. "60년 동안 조상님의 제사를 모(「종가 며느리의 변신」)"시며 한 가문의 전통을 지탱해 온 여정은, 전통적인 여성의 역할로 읽힐 수도 있다. 그러나 김현순의 삶을 따라가다 보면, '기꺼이 감당한 선택'이었음을 알게 된다. 그는 다가오는 시간을 헌신으로 받아들이되, 감당할 수 없을 때는 내려놓을 줄도 알았다. 2025년부터는 모든 제사를 성당 미사로 대신하며, 오랜 세월 이어온 제사 의례를 마무리했다. 이는 전통 제례와 종교적 신념 사이에서 균형을 찾고, 가부장적 역할을 스스로 재해석한 선택이었다.

울타리로 돌아온 사랑

사랑은 자녀들에게 자연스레 대물림되었다. 동갑내기 큰딸 부부의 환갑 잔칫날, 그는 두 딸과 두 아들네 식구로부터 절을 받으며 "든든한 울타리"를 느낀다.

> 늘 바쁘게 지내는 식구들이기에, 혹시 나를 잊은 건 아닐까 하는 섭섭한 마음이 들 때도 있었지만 그날, 내 아들딸과 손주들이 변함없이 그 자리에 서 있는 모습을 보며 문득 깨달았다. 이들은 여전히 나의 든든한 울타리이자 보호자들이라는 것을. 눈물이 났다.
>
> ─「울타리 속의 축제」에서

울타리는 작가가 평생 뿌려온 보살핌의 결실이다. 코로나 시기, 자녀들은 어머니의 생일을 가족별로 나누어 여러 차례에 걸쳐 축하했다. "열흘 남짓 걸려 생일 순례가 끝이 났다(「생일 순례」)"라는 문장에서, 돌봄이 세대를 넘어 되돌아오는 순환의 방식을 엿볼 수 있다.

이러한 순환의 인식은 첫 수필집 『나목의 길』에 실린 「우리 집 생일날」에서도 확인된다. 수필에는 결혼기념일을 가족 모두의 생일로 삼은 이야기가 담겨 있다. 결혼한 7월 2일은 가족의 탄생일이자, 모두의 존재를 축하하는 날이 되었다. 남편이 세상을 떠난 뒤에도 그 의미는 이어졌다. 그는 자녀들에게 각자의 가정을 챙기라고 당부하고는, 홀로 그날을 지켜왔다. 어느 해 7월 2일, 작가는 남편이 즐겨 쓰던 접시에 카스텔라 한 조각을 담고, 작은 촛불을 켠 채 혼자 축하 노래를 부른다. 사랑이 집착이 아닌 배려로 이어지는 장면이다.

이러한 세계관은 「생일 순례」, 「딸들의 초대」, 「증손녀가 태어났어요」 등에서도 일관되게 드러난다. 글을 따라가다 보면, 사랑은 단지 관계 안에 머무는 감정이 아니라 세대와 시간을 관통하는 생의 힘임을 깨닫게 된다.

시간의 경계를 넘은 사랑

김현순에게 가장 오래 불린 이름은 '언니'였다. 그 이름은 돌봄의 기억을 품은, 한 생의 다른 이름이었다. 기억의 시작은 어린 시절, 마흔두 살의 어머니가 늦둥이 동생을 낳던 날이다. 갓난아기를 바라보며 '내가 네 언니야'라고 소리치고 싶었다고 회상한다. 그날 이후 동생은 그의 삶 속에서 늘 한복판에 머물렀다.

그는 어린 시절부터 돌봄의 언어를 배워가고 있었다. 일곱 살 무렵, 동생이 태어나면 신으려고 아껴두었던 나막신을 신고 동생을 업은 채 집을 나섰던 그 짧은 여정은 훗날 그의 삶을 예고하는 장면이 되었다.

> 돌아오는 길은 아주 멀었다. 동생은 계속 울었다. 나는 울음을 그치게 하려고 더 빠른 걸음으로 걸었다. 집에 오니 엄마는 초조히 기다리고 있었다. 엄마를 보자 울음이 터져 나왔다. 등에서도 울음소리가 났다. 나막신을 신은 내 발 뒤꿈치와 발톱에서 피가 나고 있었다. 엄마의 눈에서도 눈물이 흘렀다. 엄마가 우는 나를 감싸안아 주며 다독였다.
> "언니 노릇이 정말 힘들구나. 장하다. 우리 딸."
> ―「동생과 나막신」에서

그날 엄마의 그 한마디는, 돌봄의 마음을 평생 품고 간직하게 한 깊은 뿌리로 남았다. 한방을 쓰며 동생과 성장기를 함께했고, 결혼 후에도 곁을 지켰다. 동생이 병들자 끝까지 보살폈으며, 떠난 뒤에는 애도의 글로 다시 불러냈다.

> 그가 세상에 남기고 간 책들은 내 서가를 지키며 매일 나를 부른다. 나에게 배어 있는 그의 향기가 날아갈까 봐, 조바심하며 매일 그의 책을 조금씩 다시 읽고 있다. (…) 동생의 책들을 펼쳐 들고 한 장 한 장 넘기다 보면 동생의 목소리가 들려오는 것만 같다. '언니. 나 지금 여기에 그냥 있어.' 그러면 나는 주저앉아 말을 건넨다. 근래에 있었던 일을 들려주며 의논도 한다. 그러다가 문득 정신이 들면 일어나 책이 꽂혀 있던 자리를 찾아간다. 그런 때 책이 빠져나온 하얀 빈자리를 보면 울컥해진다. 어느 쪽을 대고 불러야 그가 대답해 줄까.
>
> — 「하얀 빈자리」에서

동생이 생전에 쓴 책을 읽는 일은 대화를 이어가는 방식이며, 글쓰기는 부재不在를 현재로 불러내는 애도의 행위다. 자크 데리다(Jacques Derrida)는 글쓰기를 '이미 떠난 이에게 늦게 도착하는 목소리'라며, 부재한 존재와의 대화를 가능케 하는 행위로 보았다. 그는 "하얀 빈자리"에서 들려오는 낮은 목소리에 귀 기울이며, 떠난 이에게 말을 건넨다. 그리고 사라진 존재의 흔적을 놓치지 않기 위해 계속해서 쓴다. 「날 부르는 소리에 돌아보면」, 「노랑나비」는 그렇게 태어났다.

이러한 호명은 동생에게만 머물지 않는다. 「문패」, 「잘 가요, 또 와요」, 「도마 씨, 같이 가요」에서는 남편을 향한 속삭임이 반복된다. 그 속에는 상처를 다독이면서도 고통을 다시 불러내는 글쓰기의 이중성이 드러난다. 글은 고통을 위로하는 동시에, 기억을 끊임없이 되새기게 하는 힘을 지닌다.

그의 '돌봄'은 단순한 행동을 넘어, 부재한 존재를 언어 속에 다시 세우는 사랑으로 확장된다. 그것은 사랑의 시간을 저편까지 이어 붙이고, 기억을 지켜내는 일이기도 하다. 글은 속삭인다. '나는 여전히 너를 기억하고 있다'고. 속삭임은 낡은 시간의 문틈으로 새어 나오는 빛처럼 오래 남는다. 그러나 그 빛은 감상에 머물지 않는다. 이 글들은 상실을 기억의 윤리로 바꾼다.

때로는 부재를 너무 오래 붙잡느라 앞으로 나아가지 못하고, 슬픔 속에 고여버릴까 걱정도 된다. 하지만 애도에는 시간이 필요하다. '사랑했다', '고마웠다', '행복했다'고 마음을 다해 말하는 그 시간만큼 기억은 온전히 정화된다. 충분히 기억하고 애도한 뒤에야 다음 장을 열 수 있다. 글쓰기도 마찬가지다.

자기 돌봄의 미학

『은빛 꼴찌의 행복』의 4부는 작가가 세계적 전염병의 시기를 건너며 평생의 동반자였던 동생을 떠나보낸 슬픔 속에서 써 내려간 기록들이다.

노년에 이르러 또 한 번 삶의 전환점을 맞는다. 네 자녀를 사회인으로 키워내고 저마다의 자리로 떠나보낸 뒤에도 손주를 품에 안아 돌보던 그는, 어느 날 가족이 더는 자신의 손길을 필요로 하지 않는다는 사실을 깨닫는다. 이후 맞벌이인 큰아들네와 함께한 14년을 마무리하고, 혼자 살기를 결단한다.

단순한 독립선언이 아니었다. 오랜 타인 돌봄의 여정을 마무리하고, 자신을 향한 돌봄으로 방향을 돌린 첫걸음이었다. 겉으로는 자기 돌봄처럼 보이는 이 선택 역시, 가족에게 짐이 되지 않기 위해서라는 배려에서 비롯된 것이기도 했다.

혼자 살아보니, 이제야 오롯이 자신을 살필 수 있다는 사실이 감사했다. 몸과 마음이 보내는 신호에 귀 기울이며, 자신을 다독이는 데 집중했다. 문학과 컴퓨터 교실, 성가대와 시니어 합창단 활동은 일상을 단단하게 받쳐주었고, 무엇보다 글쓰기는 영혼을 가꾸는 정직한 연장이 되었다. 독신 생활 3년 만에 펴낸 첫 수필집 『나목의 길』은 그 결실이자, 자기 돌봄의 가장 뚜렷한 증거였다. 글쓰기는 성찰의 도구였다. 글을 써 내려가는 동안 일상은 수행처럼 단단해졌고, 독자는 그 여정을 따라가며 스스로를 돌보는 법을 배우게 되었다. 홀로 살아간다는 것은, 자신도 돌봄 받아야 할 존재이며, 비로소 '나를 위한 사랑'을 배우는 일임을 깨닫는 과정이었다.

2019년 봄, 코로나 팬데믹이 닥쳤을 때 그는 처음으로 혼자 사는 일에 두려움을 느낀다.

> 한국전쟁 이후 가장 불안한 두려움이었다. 혼자 사는 작은 아파트가 별안간 한없이 넓어 보이고 여기저기에서 이상한 모습을 한 괴물들이 나를 향해 덤벼드는 것 같은 두려움에 온몸을 떨었다. 네 명의 자식들이 가까이 살지만 고도에 홀로 남겨진 것 같았다.
> ―「고립 속에서 맺은 열매」에서

그러나 그 두려움에 오래 머물지 않았다. 곧 "큰 계획을 세웠다." 만남이 끊긴 시간을 "집에서 진득하니" 수필집을 준비하는 기회로 삼았다. 두려움과 외로움을 글로 다독이며, 수행의 시간으로 바꿨다. 세상은 멈췄지만 문장은 펜 끝에서 길을 냈고, 6개월 만에 두 번째 수필집이

나왔다. 코로나에 걸렸을 때도 절대적인 자기 긍정으로 "혼자 병과 싸우는 군사가 되어" 자신을 지켜냈다.

세상이 어두워질수록 글쓰기는 영적인 수행이 되었다. 새벽 다섯 시, "베란다에 서서 어둠이 깔린 정원(「내 안의 정원」)"을 바라보고 있으면 고해소에 든 듯했다. 외부와 단절된 시간 속에서 신과 대화하고, 내면의 목소리에 귀 기울였다. 글쓰기는 영혼을 돌보는 길이자, 고통의 시간을 견디게 해준 자기 구원의 방식이었다.

코로나가 길어지던 어느 날, 베란다 구석 작은 화분에서 고요히 피어난 새 생명을 발견한다.

> 태풍 '바비'로 엄청난 비가 쏟아졌던 다음 날이었다. 아주 가냘픈 하늘색 나팔꽃 한 송이가 피어났다. (…) 먼저 피었던 꽃들이 동그란 씨앗을 안고 있었다. 얼마나 신비롭고 대견스러운가. 나는 문득 나팔꽃에 물어보고 싶었다. 나의 세 번째 수필집 출판을 준비해도 될까? 하늘빛 나팔꽃은 잔잔한 미소로 고개를 끄덕이는 것 같았다.
>
> — 「나팔꽃이 피었습니다」에서

태풍 속에서도 피어난 나팔꽃을 "귀한 선물"로 여기며 소중히 가꾸었다. 꽃이 피지 않아도 실망하지 않고, 그 시간을 '씨앗'으로 믿으며 세 번째 수필집을 꿈꾸었다. 그러던 중, 오랜 다리 통증이 일상을 흔들었고, 마침내 수술을 결심한다.

> 주변에 결심을 알렸을 때는 그 나이에 생을 마감하는 사람도 많은데, 그저 참고 살다가 때가 오면 가면 되는데…, 하는 소리가 들려오는 듯도 해서 조금 부끄럽기도 했다.
> ─「기적 소리」에서

 팔십 중반의 나이에 위험을 감수한 이유는 끝까지 스스로를 책임지려는 의지에서였다. 몸과 마음이 근육을 잃고, 곁의 존재들이 하나둘 떠나가는 시간 속에서도 상실을 당연한 일로 여기며 무심히 지나치지 않았다. 제때 도움을 청하고, 다시 일어서는 법을 배우며 자신을 지켜냈다.

 그러나 꽤 오랜 시간 자신을 돌보며 살아왔지만 가끔

은 "혼자 빠르게 달려가는 세월 앞에서 위축"되었다. 그럴 때면 속으로 자신을 다독였다. '걱정하지 마. 넘어지고 깨어지면 다시 털고 일어나면 되는 거야.' 삶의 긴 여정을 지나온 한 인간이 자신에게 건네는 위로이자 다짐이었다. 그는 외로움과 상실, 고립의 시간을 견디며 삶을 지탱하는 마지막 힘으로 자기 돌봄의 미학을 완성해 간다.

'은빛 꼴찌'의 깨달음

『은빛 꼴찌의 행복』의 5부에는 나이가 들어서야 깨달을 수 있는 삶의 진실이 담겨 있다. 「나는 죄인입니다」에서는 젊은 날 '인공 유산 수술'에 대한 회한을 마주하며, 새벽마다 아픈 이들을 위한 기도로 용서를 구한다. 「매듭 풀기」와 「열림 버튼」에서는 삶의 후반부에 접어들어, 자꾸만 닫히려는 마음의 문을 스스로 열어젖히려는 노력을 보여준다. 관계는 멀어지고 마음은 움츠러들기 쉽지만, 자신을 둘러싸는 고립의 벽이 점점 더 단단해지는 것을 경계한다. 시세보다 비싸게 구매한 아파트로 인해 큰 상실감과 혼란을 겪었을 때는 얽힌 마음을 기도로 풀고(「매듭 풀기」), 매 순간 일상 속 '열림 버튼'을 작동시키는 훈련을 이어간다(「열림 버튼」). 노년에 시작한 글쓰기는 스스로를 돌아보게 한다. '나는 어떻게 살아가고 싶은가.' 그가 꿈꾸는 삶은 "포기하지 않고 나아가 아름다운 단풍잎 한 잎으로 물드는 것"이며, 그것은 열린 마음으로만 가능하다는 사실을 되새긴다.

표제작 「은빛 꼴찌의 행복」에는 그 깨달음을 삶으로 보여주는 한 대목이 담겨 있다. 제주 문학기행 중 다리 통증으로 등반을 포기하려던 순간, 기사가 내민 손을 잡고 정상에 오른 때다.

> 꼴찌로라도 정상에 올랐다는 생각에 뭐라 설명키 어려운 뿌듯함이 가슴을 꽉 채워왔다.
>
> – 「은빛 꼴찌의 행복」에서

이 수필은 말한다. 사람은 혼자만의 힘으로 살아갈 수 없으며, 때로는 누군가의 손을 잡는 것도 용기라는 것을.

삶의 조각들을 담은 여러 글에는 공동체로부터 받은 보살핌에 대한 깊은 감사가 스며 있다. 작가는 자신을 믿고 기다려 준 이들의 마음을 잊지 않고, 은혜를 가슴에 품고 살아간다.

> 긴 세월을 살아오는 동안, 나를 믿고 기다려 주신 분들의 고마움을 잊은 적이 없다. 벌써 세상을 떠난 분도 있다. 그분들의 따뜻한 배려와 도움의 손길이 없었으면 희망이 없는 깜깜한 생을 살았을지도 모른다. 나를 기다리고 격려해주었던 분들, 지금도 그분들의 경조사는 빠지지 않고 챙겨서 다니고 있다. (…)
> 지금도 혹시 내가 이웃이나 누구에게 심적인 채무자는 아닌지 깊이 성찰해 보라는 울림이 오는 듯하여 고개를 숙여 나를 깊이 돌아보며 산다.
>
> ― 「문패」에서

결혼 초 가세가 기울어 집을 내줘야 했을 때, 양품점 손님들의 도움으로 가까스로 전셋집을 마련했다. 그처럼 삶의 고비마다 손 내밀어 준 이들이 있었기에 그는 다시 설 수 있었다. 훗날 보험회사에서 수장首長의 자리에 오르게 된 것도 공동체의 지지와 동료의 배려, 고객의 신뢰가 있었기에 가능한 일이었다.

이처럼 삶의 위기 속에서 맺어진 관계의 끈은 그에게 단순한 인간관계를 넘어 상호돌봄의 근원이 되었다. 김현순은 단순한 수혜자가 아니라, 보살핌을 주고받으며 공동체를 함께 지탱해 온 주체였다. 구순을 앞둔 지금도 문학 모임과 합창단 등 여러 모임에서 활발히 활동을 이어가는 것은 상호 돌봄의 실천이 계속되고 있음을 보여준다. 그의 자기 돌봄은 고립된 자기애가 아니라 관계의 지속을 위한 윤리이며, 이타심의 또 다른 얼굴이다. 이러한 실천은 넬 노딩스(Nel Noddings)가 말한 '돌봄의 상호성(the reciprocity of care)'처럼, 주는 자와 받는 자가 서로의 존재를 지탱하며 돌봄의 선순환을 이룬다.

그가 몸으로 쌓아 온 돌봄의 정신은 그의 수필에도 고스란히 이어진다. 아주 어린 시절부터 "경쟁에서 이기는 삶"을 신조처럼 여겼던 그는 노년에 이르러 "이젠 꼴찌로 사는 너를 흔쾌히 받아들여라"는 내면의 목소리를 따르며 자기 돌봄의 지혜를 배워간다. 도움을 받는 일은 약해지는 것이 아니라, 다시 걷게 하는 힘임을 깨닫는다. 김현순의 수필은 돌봄을 일방적인 희생이 아닌, 상호성에 기반한 관계 윤리로 제시한다. 돌봄은 누군가를 살피는 행위이면서 타자를 향한 사랑 속에서 자아를 회복하는 길이다.

끝까지 사랑하고, 끝까지 돌보는 마음의 빛

『은빛 꼴찌의 행복』은 평생 돌봄을 실천해 온 작가가 노년의 시선으로 써 내려간 기록이다. 그 기록 속의 돌봄은 구호나 사상이 아닌 삶 속에서 체득된 태도이며, 타인을 살피는 일이 곧 자신을 돌보는 길임을 보여준다.

김현순의 보살핌은 가족의 울타리를 넘어선다. 60년을 함께한 고등학교 동창 이현복 교수를 "나의 친구, 나의 스승"이라 부르며 존경과 애정으로 추모하고(「나의 친구,

나의 스승 이현복 교수님」), 40여 년 전 세상을 떠난 친언니의 절친한 친구였던 '과천 언니'와는 자매처럼 지내며 올해 아흔셋이 된 그녀를 지금도 정성껏 돌보고 있다(「나는 우산이 없어요」).

그의 사랑은 사람을 넘어, 스쳐 지나간 모든 존재에게까지 닿는다. 막내아들네 반려견 '초롱이'를 떠나보내던 날에도 따뜻한 숨결을 떠올리며 그 생을 기렸고(「초롱이」), 쓰지 않는 선캡을 정리할 때도 그 속에 깃든 시간을 허투루 흘려보내지 않았다(「시간 속으로 사라지는 것들」).

그는 삶으로 보여준다. 잠시 머물다 간 존재의 흔적까지 품어 안고, 모든 관계를 애틋하게 마무리하는 마음이야말로 그가 평생 실천해 온 '영적 돌봄'이다. 생의 큰 원을 돌아온 지금, 그는 마지막으로 돌봐야 할 대상은 자기 자신임을 깨닫는다. 스스로를 품어 안는 법을 배우게 된 일은 노년에 이르러 얻은 선물이다.

이 책은 타인을 살피는 마음에서 출발해, 자신을 돌보는 용기를 거쳐, 사랑의 순환 속에서 관계의 지혜로 나아가는 여정을 담고 있다. 그 여정이 빚어낸 결이 바로 김현순이 말하는 '은빛'이다. 그것은 나이의 색이 아니라, 용서와 애도, 돌봄으로 반짝이는 마음의 빛이다.

그는 자신의 글과 삶으로 묻는다. 우리는 지금 누구를 돌보고 있으며, 어떤 방식으로 그 돌봄을 실천하고 있는가. 그리고 지금 누구에게 기대어 사랑을 받아들이고 있는가.

인간은 혼자 살아갈 수 없는 존재다. 누군가의 보살핌 속에서 태어나, 누군가를 돌보며 살아가고, 마침내 누군가의 손을 붙잡게 된다. 사랑은 그렇게 한 바퀴를 돌아 다시 나에게로 온다. 늙는다는 것은 그 순환의 의미를 몸으로 깨닫는 일이다. 김현순의 물음은 우리에게 '함께 살아간다'는 말의 깊이를 되새기게 한다.

은빛 꼴찌의 행복

초판인쇄 | 2025년 11월 19일
초판발행 | 2025년 11월 28일
지 은 이 | 김현순
펴 낸 이 | 김경희
펴 낸 곳 | 말그릇

　　　　(유)02030 서울시 중랑구 공릉로 12가길 52~6(묵동)
　　　　전 화 | 02-971-4154
　　　　팩 스 | 0504-194-7032

　　　　이메일 | wjdek421@naver.com

　　　　등록번호 2020년 1월 6일 제2020-3호

ⓒ 김현순, 2025
값 18,000원

ISBN 979-11-92837-26-0 (03810)

• 저자와 합의하에 인지는 생략합니다.
• 잘못된 책은 구입하신 곳에서 교환해드립니다.
• 이 책의 글과 사진의 저작권은 저자와 출판사에 있습니다. 허락 없이 발췌나 복제를 금합니다.

이 도서의 국립중앙도서관 출판예정도서목록(CIP)은 서지정보유통지원시스템 홈페이지(http://seoji.nl.go.kr)와 국가자료종합목록 구축시스템(http://kolis-net.nl.go.kr)에서 이용할 수 있습니다.